ellermann

Petra Maria Schmitt, geboren 1959 bei Aachen, studierte Sozialpädagogik in Köln. Angeregt durch ihre drei Kinder, begann sie, Geschichten für Kinder zu schreiben. Mittlerweile ist sie eine erfolgreiche Autorin. Sie schreibt nicht nur Bücher, sondern auch Geschichten für Hörfunk und Fernsehen. 2007 erlitt sie einen schweren Schlaganfall; nach einer mehrjährigen Auszeit ist sie nun wieder als Autorin tätig.

Christian Dreller wurde 1963 in Neumünster geboren, studierte Slawistik und Geschichte und arbeitete in Kinder- und Comicbuchverlagen. Seit 2005 ist er unter anderem als Übersetzer und Autor tätig.

Heike Vogel wurde 1971 geboren. Sie studierte an der Fachhochschule für Gestaltung in Hamburg, und seit 1999 arbeitet sie als Illustratorin für verschiedene Verlage. Heike Vogel lebt mit ihrer Familie in Hamburg.

Wir danken Bärbel Oftring, Ralf Schubert
und Joachim Tamm für die fachliche Beratung.

MIX
Papier aus verantwortungsvollen Quellen
FSC® C002795
FSC www.fsc.org

Originalausgabe

Poppenbütteler Chaussee 53, 22397 Hamburg
ellermann im Dressler Verlag · Hamburg

Einband und farbige Illustrationen von Heike Vogel
Reproduktion: igoma GmbH, Hamburg
Druck und Bindung: Livonia Print SIA,
Ventspils iela 50, LV-1002, Riga, Lettland
*Printed 2018 / II
ISBN 978-3-7707-4017-8

www.ellermann.de

Petra Maria Schmitt · Christian Dreller

Warum brauchen Haie keinen Zahnarzt?

Bilder von Heike Vogel

ellermann im Dressler Verlag GmbH · Hamburg

Inhalt

Warum brauchen Haie keinen Zahnarzt?

»Mensch, guck mal. Der Hai da kommt direkt auf den Taucher zu!« Aufgeregt steht Jana mit den anderen Kindern der Seepferdchenklasse und ihrer Lehrerin Frau Berger vor einer riesigen, dicken Glaswand und starrt in die leuchtend blaue Unterwasserlandschaft. Die Seepferdchenklasse macht heute einen Ausflug ins Meereszentrum, und nun gucken alle bei der Haifütterung zu. Zuerst sind einfach nur tote Fische ins Wasser geworfen worden. Die haben die Haie dann nach und nach verschlungen. Aber jetzt ist ein richtiger Taucher bei den Haien! Und der hat eine Eisenstange dabei, an deren Ende ein großes Stück Fisch aufgespießt ist.

Erst haben die Haie ihn nur umkreist. Aber dann ist ein großer Leopardenhai direkt auf ihn zugeschwommen. Einen Moment lang haben alle Angst, dass der Hai den Taucher vielleicht leckerer findet als den Fisch. Aber im allerletzten Moment ändert der Hai seine Richtung und steuert auf das Ende der Eisenstange zu. Er reißt das Maul auf, schlägt seine riesigen, spitzen Zähne in den Fisch und schüttelt ruckartig den Kopf hin und her. Dann hat er den Fisch von der Stange gerissen und gleitet ebenso wie die anderen Haie wieder in die Tiefe des Beckens zurück.

Einen Augenblick lang starren alle noch durch die Scheibe. Doch es passiert nichts mehr. Die Fütterung ist zu Ende.

Während die meisten weitergehen und sich aufgeregt über den Taucher und den Hai unterhalten, starrt Jana immer noch ins Becken. Dort holt der Taucher gerade einen Schwamm hervor, den er sich hinter einen Pressluftflaschengurt geklemmt hat. Doch Jana achtet gar nicht auf den Taucher, sondern guckt wie gebannt auf den sandigen Beckengrund. Dort, ganz dicht an der Scheibe, liegt etwas Seltsames. Zwei komisch aussehende, spitz gezackte Steinchen. Nein, keine Steinchen, denkt Jana. Das sind …

»Mensch, Jana, was ist denn?«, ruft plötzlich Janas Freundin Amelie und zupft sie am Ärmel. »Die anderen sind längst weitergegangen.«

»D…da liegen zwei Haizähne«, keucht Jana und zeigt aufgeregt auf den Beckengrund vor sich. »Die hat der Hai bestimmt eben beim Fressen verloren. Mensch, was ist, wenn der nun krank ist?«

»Was? Haizähne?«, fragt Amelie, die das nicht so recht glauben will. Aber dann guckt sie genauer hin. »Mensch, tatsächlich. Das sind Zähne. Das müssen wir unbedingt den Leuten hier sagen. Vielleicht ist der Hai krank!«

Verzweifelt blicken sie sich um. Aber niemand ist zu sehen. Niemand, außer dem Taucher, der nun im Becken Algen mit dem Schwamm von der Scheibe wischt. Da hat Jana eine Idee.

»Der Taucher!«, ruft Jana. »Wir sagen dem Taucher Bescheid!«

»Dem Taucher?«, fragt Amelie verblüfft. »Wie …?«

Aber ehe sie ihre Frage ausgesprochen hat, ist Jana auch schon zum Taucher geflitzt. Wie ein Flummiball beginnt sie, vor der Scheibe auf und ab zu hüpfen und wild mit den Armen über dem Kopf zu wedeln. »Hai krank! Hai krank!«, ruft sie dabei und zeigt mit dem Finger auf die Stelle, wo die Haizähne liegen. Jana ist sogar kurz davor, gegen die Scheibe zu klopfen. Aber gerade noch rechtzeitig fällt ihr ein, dass Frau Berger vorhin noch einmal extra davor gewarnt hat. Denn das Klopfen ist unter Wasser so laut zu hören, dass es schädlich für die Tiere ist.

Amelie ist erst völlig baff. Aber dann macht sie es Jana nach. Zu zweit hüpfen, zeigen und rufen sie, was das Zeug hält.

Und es klappt tatsächlich! Der Taucher wird aufmerksam. Zuerst schüttelt er nur den Kopf und droht ihnen mit dem Zeigefinger. Aber als die beiden nicht aufgeben, scheint er zu merken, dass etwas nicht stimmt. Schließlich sieht er dahin, wo Jana und Amelie hinzeigen, und schwimmt endlich zu den Zähnen.

»Hai krank! Hai krank!«, rufen die zwei nun noch lauter und zeigen auf die Zähne.

Der Taucher nickt, nimmt die Zähne auf und macht mit Daumen und Zeigefinger ein Zeichen, das wie ein O aussieht.

»Weißt du, was das heißen soll?«, fragt Jana.

»Hm, vielleicht so etwas wie okay?«, überlegt Amelie.

»Könnte sein«, meint Jana. »Guck mal. Der macht noch ein paar Zeichen.«

Der Taucher zeigt erst mit dem Daumen auf sich, dann zur Seite und hält schließlich drei Finger hoch. Das macht er ein paarmal, bevor er davonschwimmt.

Jana und Amelie gucken in die Richtung, in die der Taucher gezeigt hat. Dort in der Wand neben dem Haifischbecken sehen sie eine Tür.

»Ob er da gleich rauskommt?«, fragt Amelie.

»Kann schon sein«, sagt Jana. »Aber was meint er mit den drei Fingern?«

»Bestimmt, dass er in drei Minuten da ist«, vermutet Amelie.

So ist es. Wenig später kommt ein Mann aus der Tür. Er trägt Sweatshirt, Jogginghose, Badeschlappen, und er hat noch ganz nasse Haare.

»Sind Sie der Taucher?«, fragt Jana.

Der Mann nickt und will etwas sagen, doch Jana lässt ihn gar nicht erst zu Wort kommen.

»Der Hai ist krank!«, ruft sie.

»Genau, dem sind eben zwei Zähne rausgefallen«, fügt Amelie hinzu.

»Sie müssen einen Zahnarzt holen«, sagt Jana.

»Ach, deswegen seid ihr so aufgeregt gewesen!« Der Mann lächelt. »Aber keine Bange, der Hai ist kerngesund. Und dass er ein paar Zähne verliert, ist gar nicht schlimm. Er kriegt nämlich neue.«

»Dann waren das nur Milchzähne?«, fragt Jana erleichtert.

»Nein, keine Milchzähne«, antwortet der Taucher. »Haie verlieren häufig mal einen Zahn. Aber deswegen müssen sie nicht zum Zahnarzt. Denn ihnen wachsen dauernd neue Zähne nach. Sie haben nämlich ein Revolvergebiss.«

»Ein Revolvergebiss?«, fragen Amelie und Jana fast gleichzeitig. Darunter können sie sich nun gar nichts vorstellen.

»Ja, komischer Name, nicht? Aber ich kann euch das mal zeigen.« Er führt die beiden ein paar Meter weiter zu einer großen Schautafel. »Hier seht ihr, wie das funktioniert. Fällt einem Hai ein Zahn aus, wird der nächste aus der Reihe dahinter automatisch nach vorne geschoben. Sozusagen wie bei einem Förderband. Dieses Förderband funktioniert ein ganzes Haileben lang. Bis zu zehntausend Zähne verbraucht ein Hai in seinem Leben.«

»Zehntausend Zähne!« Das kann Jana gar nicht fassen, und auch Amelie guckt den Taucher nur mit großen Augen an.

»Genau«, sagt der Mann. Dann greift er in seine Tasche und holt die beiden Haizähne heraus. »Und zwei davon schenken der Hai und ich euch jetzt. Weil ihr so nett wart und euch um ihn gekümmert habt.«

Jana und Amelie wissen erst gar nicht, was sie sagen sollen, als der Mann ihnen die Zähne gibt. Doch dann bedanken sie sich und verabschieden sich schnell. Denn auf einmal können sie es gar nicht mehr erwarten, wieder bei den anderen zu sein: um ihnen die Zähne zu zeigen … und zu erzählen, warum Haie keinen Zahnarzt brauchen.

Kann man im Handstand essen und trinken?

Theo geht in die zweite Klasse. Und heute ist der letzte Schultag vor den großen Ferien. Alle freuen sich auf die Sommerferien. Nur Theo nicht. Er ist nämlich erst vor Kurzem umgezogen. Und weil er noch keine Freunde gefunden hat, werden seine Ferien bestimmt superlangweilig.

Und dann noch dieser altmodische Vorname! Wer heißt denn heute Theo? Na gut, sein Opa heißt so. Aber der ist ja auch schon alt. Sonst kennt Theo niemanden. Jungs in seinem Alter heißen Leon, Lukas, Ben, Finn oder auch Mino. Kein Wunder, dass alle aus der Klasse über seinen Namen lachen. Mino ist besonders gemein. Bei jeder Gelegenheit macht er sich über Theos Namen lustig und nennt ihn Theodor, Theodorix

oder, wenn es ganz schlimm kommt, Theodorus. Natürlich lachen dann immer alle, und Theo würde am liebsten im Erdboden versinken.

Irgendwie muss er seinen Klassenkameraden beweisen, was in ihm steckt. Doch bisher hatte er dazu noch keine Gelegenheit.

Am letzten Schultag sind auch die Lehrer besonders gut gelaunt, und es findet kein richtiger Unterricht statt. Die Schüler können Fragen stellen. Dummerweise fällt Theo keine gescheite Frage ein. Doch plötzlich sieht Frau Wagner, die Klassenlehrerin, Theo an und fragt: »Und wie ist es mit dir? Hast du auch eine Frage?«

Alle sehen gespannt auf Theo. Alles Mögliche schießt ihm durch den Kopf. Nur keine Frage. Und so stammelt er bloß ein Wort: »Handstand.« Theo weiß auch nicht, warum er gerade Handstand gesagt hat. Vielleicht, weil er den richtig gut kann.

»Und weiter?«, fragt Frau Wagner. »Das ist ja noch keine Frage.«

Theo sieht sich um. Was soll er denn jetzt sagen? Da fällt sein Blick auf die Milchflaschen für das gemeinsame Frühstück und all die anderen leckeren Sachen, und Theo fragt schnell: »Kann man im Handstand essen und trinken?«

Sofort geht ein Gemurmel durch die Klasse, und Mino aus der ersten Reihe ruft: »Nie im Leben!«

Frau Wagner stellt sich vor die Klasse und sagt: »Das ist eine sehr interessante Frage. Das können wir gleich einmal ausprobieren!«

Sie sieht sich in der Klasse um. »Wer kann denn einen Handstand machen?«

Da ist Theos Chance gekommen! Sofort zeigt er auf. Und da er der Einzige ist, fällt Frau Wagner die Auswahl nicht schwer. Theo geht nach vorne. Alle sehen gespannt zu. Und obwohl er einen Handstand auch im Schlaf machen könnte, ist ihm nun doch ein wenig mulmig zumute.

Bevor der Versuch startet, will Frau Wagner aber noch wissen: »Wer von euch meint, dass es klappt?« Ein paar Hände gehen zögerlich nach oben.

»Und wer meint, dass es nicht klappt?«

Mino meldet sich als Erster. Während er mit erhobenem Arm zu Theo sieht, sagt er spöttisch: »Na, Theodor. Dann zeig mal, was du kannst!« Dann sieht er sich belustigt in der Klasse um. Und es dauert nicht lange, da sind fast alle Arme oben.

»Hm«, macht Frau Wagner. »Dann wollen wir mal sehen!«

Sie nimmt eine Milchflasche aus dem Kasten und steckt einen Strohhalm hinein. Dann nimmt sie noch einen Streifen Paprika aus einer Schüssel und sagt mit Blick auf Theo: »Es kann losgehen. Bist du bereit?«

Theo ist furchtbar aufgeregt, doch er versucht, sich nichts anmerken zu lassen, und nickt. Und bevor Frau Wagner bis drei zählen kann, steht Theo schon im Handstand. Schnell stellt sie die Milchflasche mit dem Strohhalm neben Theo auf den Boden. Dann folgt die Paprika, mit einer Serviette darunter.

In der Klasse ist es mucksmäuschenstill, und Frau Wagner sagt: »Du kannst anfangen, womit du möchtest.«

Theo sieht sich um. Die ganze Klasse steht kopf. Das sieht ganz schön komisch aus! Vor allen Dingen Mino!

Dem werde ich es zeigen, denkt Theo, und plötzlich ist er kein bisschen mehr aufgeregt. Er verlagert sein Gewicht auf die linke Hand und greift mit der rechten nach der Milchflasche.

Alle sehen wie hypnotisiert zu.

Theo führt den Strohhalm zum Mund und zieht daran. Der Milchspiegel in der Flasche sinkt deutlich nach unten. Theo schluckt – und die Milch ist weg!

»Trinken ist doch einfach!«, sagt Mino abwertend. »Aber die Paprika, die schafft er nicht!«

Das will Theo nicht auf sich sitzen lassen. Sofort greift er nach der Paprika und beißt hinein. Und während die anderen vor Spannung den Atem anhalten, kaut er genüsslich. Dann ist es so weit: Theo schluckt, schluckt noch mal – und die Paprika ist weg! Als Beweis öffnet Theo seinen Mund.

»Toll! Einfach toll!«, ruft Frau Wagner und fängt vor Begeisterung an zu klatschen. Als Theo wieder auf die Füße kommt, klatscht die ganze Klasse mit. Nur Mino nicht. Der macht ein mürrisches Gesicht und sagt: »Wie soll das denn funktionieren? Das ist bestimmt ein Trick!«

»Das ist kein Trick«, sagt Frau Wagner. »Das liegt daran, dass Speisen

und Getränke nicht durch die bloße Schwerkraft in den Magen kommen, sondern durch aktive Muskelarbeit der Speiseröhre.«

Frau Wagner geht zur Tafel und zeichnet den Oberkörper eines Menschen an. In den Körper zeichnet sie nun dick eine Verbindung zwischen Mund und Magen und erklärt: »Die Speiseröhre ist ein Muskelschlauch, der den Mund- und Rachenraum mit dem Magen verbindet. Hat man nun einen Bissen hinuntergeschluckt, wird er wellenförmig von den Muskeln weitertransportiert.«

»Und wie soll das funktionieren?«, fragt Mino.

»Indem sich die Muskeln hinter dem Bissen zusammenziehen und ihn so voranschieben. Genauso, als wenn du aus einer fast leeren Tube Zahnpasta noch etwas herausdrücken willst. Dabei drückst du auch mit deinen Fingern hinter die Zahnpasta und drückst sie so nach vorne«, antwortet

Frau Wagner und sieht Theo an. »Aber wir haben einen Fachmann unter uns. Fragen wir ihn doch einfach, wie das Schlucken im Handstand war.«

»Ganz schön anstrengend«, sagt Theo. »Aber es ging. Ich verstehe nur nicht, warum die Milch nicht wieder in meinen Mund zurückgelaufen ist.«

»Das liegt daran, dass sich am Mageneingang der sogenannte Speiseröhrenpförtner befindet. Der Speiseröhrenpförtner ist nichts anderes als ein Verschlussmechanismus, der zwar alles in den Magen hineinlässt, aber nichts wieder heraus«, erklärt Frau Wagner.

Die Lehrerin ist sehr zufrieden mit der letzten Unterrichtsstunde vor den Ferien: »Genug gelernt für heute! Jetzt haben wir uns ein schönes Frühstück verdient!«

»Aber bitte mit dem Kopf nach oben«, sagt Theo.

»Ja, natürlich«, sagt Frau Wagner und lacht. »Ein ganz normales Frühstück.«

Schnell verschiebt sie ein paar Tische und Stühle, und schon ist ein großer Frühstückstisch entstanden. Alle packen mit an. Natürlich ist Theos Handstand das große Thema beim Frühstück. Und am Ende hat er gleich zwei Verabredungen für den Nachmittag. Vielleicht werden die Ferien ja doch nicht so langweilig, wie Theo gedacht hatte.

Können sich Pflanzen unterhalten?

Gelangweilt sitzt Gustav in seinem Zimmer und überlegt, was er machen soll. Es sind Ferien, aber draußen gießt es in Strömen. Von Gustavs Freunden aus dem Kindergarten ist heute niemand zu Hause, und Mama und Papa haben auch keine Zeit.

»Papa und ich müssen heute noch einkaufen, aufräumen und putzen«, hatte Mama vorhin beim Frühstück gesagt. »Mal sehen, was wir nachher dann machen.«

Das hatte sich gar nicht gut angehört. Denn alles, was mit Haushalt zu tun hat, ist entweder total langweilig oder dauert total lange, findet Gustav. Meistens aber beides.

Er überlegt gerade, ob er seine Legokiste unter dem Bett rausziehen soll, als er irgendwo in der Wohnung plötzlich eine Stimme hört.

»Na, meine Süße. Wie geht es dir heute Morgen? Hast du gut geschlafen?«

Nanu, das war doch Papa, denkt Gustav überrascht. Aber mit wem redet er da eigentlich? Mit Mama jedenfalls nicht. Die ist zum Einkaufen gegangen.

Leise schleicht sich Gustav aus seinem Zimmer. Er bleibt erst einmal im Flur stehen und lauscht. Zunächst ist alles still. Aber dann kann er Papa wieder hören: »Und du, meine Kleine. Oje, ganz trocken. Du brauchst unbedingt was zu trinken.« Die Stimme kommt aus dem Wohnzimmer. Auf Zehenspitzen pirscht sich Gustav weiter zur offenen Wohnzimmertür heran und guckt vorsichtig um die Ecke.

Mit einer Gießkanne in der Hand steht Papa vor der großen Fensterbank, auf der jede Menge Töpfe mit Pflanzen stehen. Plötzlich passiert etwas so Verrücktes, dass Gustav es erst gar nicht fassen kann. Papa streicht liebevoll über die Blätter einer riesigen Pflanze, stochert mit einem Finger etwas in der Erde herum und fängt dann doch tatsächlich an, mit ihr zu reden. »Guten Morgen, meine Werteste. Haben auch Sie gut geruht? Ach herrje, Ihre Erde ist ja noch ganz nass. Da gebe ich Ihnen heute mal lieber nichts.«

Da muss Gustav kichern. »Mensch, Papa«, sagt er dann. »Was machst du denn? Mit Pflanzen kann man doch nicht reden! Die verstehen doch nix!«

Überrascht dreht Papa sich zu Gustav um. Erst grinst er etwas verlegen, aber gleich darauf wird sein Gesicht wieder ernst. »Hast du 'ne Ahnung«, sagt er. »Pflanzen können viel mehr, als wir denken. Die unterhalten sich sogar miteinander und …«

Rrrriiiiiing! Rrrriiiiiing! Rrrriiiiiing! Jemand ist an der Wohnungstür und drückt ungeduldig auf die Klingel.

»Ah, das könnte der Paketbote sein. Warte mal. Ich erklär's dir gleich.« Schnell stellt Papa die Gießkanne auf die Fensterbank und flitzt hinaus.

Dass Pflanzen sich unterhalten, kann Gustav sich nun überhaupt nicht vorstellen. Bestimmt will Papa ihn nur verulken. Das macht er nämlich ziemlich gerne. Genauso gerne allerdings wie Gustav, der auf einmal grinsen muss, weil ihm etwas Tolles eingefallen ist.

Er schlüpft hinter den großen Fernsehsessel, der am Ende der Fensterbank in der Wohnzimmerecke steht. Angestrengt versucht er zu verstehen, was Papa macht.

»Vielen Dank und auf Wiedersehen«, hört er Papa sagen. Die Haustür geht zu, und Papa kommt wieder ins Wohnzimmer.

Aufgeregt hält Gustav den Atem an und macht sich hinter dem Sessel noch kleiner.

»So, da bin ich …« Papa verstummt, weil Gustav nicht mehr zu sehen ist. »Hm, komisch«, murmelt er. »Na ja, war wohl doch nicht so spannend.«

Dann hört Gustav, wie Papa wieder zur Fensterbank geht, und zwar genau dorthin, wo er sich hinter dem Sessel versteckt hat.

»Na, du stachelige Schönheit?«, sagt Papa. »Du siehst ja wirklich bezaubernd aus!«

Stachelige Schönheit? Das muss Mamas Riesenkaktus sein, der gerade so wunderschöne Blüten bekommen hat, überlegt Gustav.

»Hm, mal sehen. Nein, ich glaube, du kriegst heute lieber noch kein Wasser«, sagt Papa, und das bringt Gustav auf eine Idee.

»Aber ich habe doch so Durst«, antwortet er mit schwacher, krächzender Stimme und versucht sich dabei vorzustellen, er wäre ein einsamer, durstiger Kaktus in der Wüste.

Stille. Als er dann Papa »Ach, du dickes Ei« murmeln hört, kann Gustav sich nicht mehr halten und muss laut loskichern.

»Sehr komisch«, sagt Papa. »Na los, komm schon raus!«

Immer noch kichernd, kommt Gustav hinter dem Sessel hervor.

»Mann, da hast du mich ja ganz schön reingelegt«, meint Papa und muss über sich selbst den Kopf schütteln. »Aber dass Pflanzen sich unterhalten können und besser wachsen, wenn man mit ihnen spricht, ist kein Witz.«

»Ach, Mensch, Papa.« Jetzt hat Gustav langsam genug. »Was sollen Pflanzen denn reden?«

»Na ja. Natürlich nicht über die letzten Sportergebnisse«, antwortet Papa. »Pflanzen unterhalten sich vor allem über das, was für sie gefährlich ist. Zum Beispiel über Schädlinge. Und das tun sie mithilfe von Düften.«

»Mit Düften?«, fragt Gustav verblüfft.

Papa nickt. »Ja. Das habe ich gestern in einer Zeitschrift gelesen. Forscher haben nämlich herausgefunden, dass zum Beispiel eine Tomatenpflanze, die von Schädlingen angeknabbert wird, einen Abwehrstoff produziert. Außerdem sondert sie auch noch einen Duft ab, um die Nachbarpflanzen zu warnen. Per Duftstoff sagt sie den anderen: ›Aufgepasst! Alle vorbereiten auf einen Raupenangriff! Produziert schon mal den Abwehrstoff!‹ Und so wie die Tomatenpflanzen unterhalten sich auch viele andere Pflanzen mit Düften.«

»Toll«, staunt Gustav. Aber eine Sache ist ihm immer noch nicht klar. »Warum redest du mit den Pflanzen, wenn die doch nur Düfte verstehen?«

»Tja, wie die Forscher auch herausgefunden haben, wachsen Pflanzen viel besser, wenn man mit ihnen spricht oder ihnen auch mal Musik vorspielt. Vielleicht reagieren sie positiv auf die Schwingungen der Schallwellen, allerdings weiß das noch niemand so genau. Aber ich dachte, dass ich das doch einfach mal probieren könnte!«

»Hm«, sagt Gustav nachdenklich, und auf einmal kommt es ihm gar nicht mehr so merkwürdig vor, mit Pflanzen zu reden. Schade ist nur, dass man nicht hören kann, wie sich die Pflanzen miteinander unterhalten. Denn zu gerne würde er wissen, was Riesenkaktus und Alpenveilchen sich wohl gerade so zu sagen haben.

Warum bekommen Pinguine keine kalten Füße?

Lotte hört ihre Lieblings-CD. Natürlich kann sie alle Lieder auswendig.

Als Mama mit einem ganzen Stapel Schulhefte unter dem Arm ins Wohnzimmer kommt, singt Lotte fröhlich mit: »Ein klitzekleiner Pinguin tanzt patschend auf dem Eis.« Plötzlich rennt sie los und singt dazu: »Hüpf, hüpf, Pinguin. Jetzt springst du in die Luft.« Und damit ihre Füße nach dem »Hüpf, hüpf« auch richtig schön auf dem Holzboden klatschen, hat sie ihre Socken ausgezogen und läuft barfuß. Lotte hat einen Riesenspaß. Und weil das Lied viele Strophen hat, wird sie noch eine ganze Weile über den Holzboden hüpfen.

Mit einem Seufzer legt Mama die Schulhefte auf dem Esstisch ab. Mama ist Lehrerin am Gymnasium und muss immer ganz viele Hefte nachgucken. Wenn Lotte groß ist, will sie auch aufs Gymnasium gehen. Aber bis dahin dauert es noch gaaanz lange. Aufs Gymnasium gehen nämlich nur große Kinder. Und Lotte geht noch in den Kindergarten.

»Du hast es gut!«, sagt Mama zu Lotte.

»Dann mach doch mit!«, antwortet Lotte und hüpft fröhlich weiter.

»Nein, nein«, sagt Mama lachend und macht es sich auf dem Sofa bequem. »Ich gucke dir lieber ein bisschen zu.«

Als Lotte zur letzten Strophe kommt, macht sie ein ängstliches Gesicht und singt: »Und – oh nein – ein Eisbär tapst herbei!« Dabei duckt sie sich ein wenig, hüpft auf Mama zu und singt: »Hüpf, hüpf, Pinguin. Jetzt springt der Pinguin weg. Hüpf, hüpf, Pinguin. Jetzt springt er einfach weg.«

Mama hebt die Sofadecke ein Stückchen an, und Lotte springt schnell zu ihr unter die Decke. Nun ist sie in Sicherheit vor dem gefährlichen Eisbären. Lotte schmiegt sich ganz nah an Mama heran.

»Ui, sind deine Füße kalt!«, sagt Mama.

»Ich bin ja auch auf dem Eis gehüpft!«, antwortet Lotte und schiebt ihre kalten Füße zwischen Mamas warme Beine. Und während ihre Füße ganz langsam wieder warm werden, fragt Lotte: »Warum bekommen Pinguine keine kalten Füße?«

»Pinguine haben immer kalte Füße.«

»Die Armen!«, sagt Lotte mitfühlend.

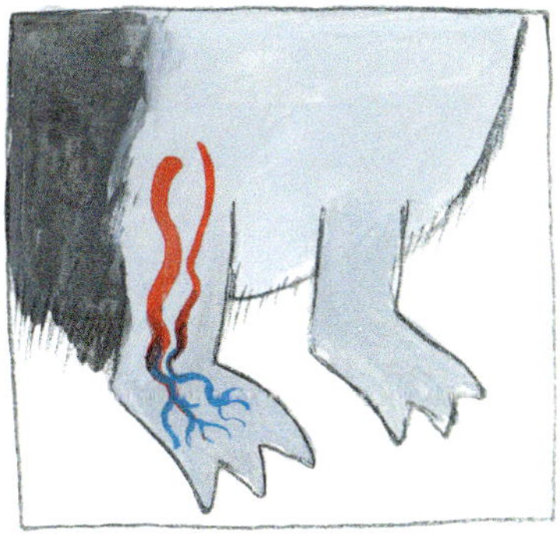

»So schlimm ist das gar nicht«, sagt Mama. »Pinguinfüße sind bestens für das Stehen auf dem Eis gemacht. Ihre Füße bestehen nämlich vor allem aus Sehnen, Knochen und einer richtig dicken Hornschicht. Der Körper eines Pinguins speichert die Wärme wie eine Thermoskanne. Ihr dichtes Fell und eine dicke Fettschicht unter dem Fell sorgen dafür, dass alle wichtigen inneren Organe immer schön warm bleiben.«

Mama steht auf und holt ein Buch aus dem Bücherregal. Jetzt ist Lotte aber gespannt. Mama blättert ein wenig, und dann hat sie die Pinguine auch schon gefunden und kommt mit dem aufgeschlagenen Buch zurück zum Sofa. Sofort schaut Lotte neugierig ins Buch.

»Siehst du«, sagt Mama und zeigt mit dem Finger auf ein Foto. »So sehen Pinguinfüße in der Vergrößerung aus.«

Und tatsächlich, die Füße haben eine richtig dicke Hornschicht.

»Das sieht ja fast so aus, als hätten sie Lederstiefel an!«, sagt Lotte erstaunt.

Mama nickt und erklärt: »Pinguine haben zudem ein dichtes Netz von Blutgefäßen in den Beinen. Das warme Blut aus dem Körperinneren fließt ganz nah an den Venen vorbei, die das abgekühlte Blut aus den Füßen zurück zum Körper transportieren, und wärmt es dabei auf. So bleibt der Pinguin immer schön warm und die Füße kalt.«

Lotte kuschelt sich beruhigt an Mama.

»Und noch etwas. Pinguine brauchen keine Angst vor Eisbären zu haben«, sagt Mama.

»Wieso? Mögen Eisbären keine Pinguine?«, fragt Lotte erstaunt.

»Doch, bestimmt! Ich fürchte, sie hätten sie sogar

zum Fressen gern!«, antwortet Mama. »Aber sie leben so weit voneinander entfernt, dass sie sich zum Glück nie begegnen. Pinguine leben nämlich am Südpol und Eisbären am Nordpol.«

Ach, ist das schön, eine so kluge Mama zu haben!, denkt Lotte und kuschelt sich noch näher an. Aber noch schöner findet sie es, dass Mama von Kopf bis Fuß so schön warm und kuschelig ist. Viel besser als eine Thermoskanne. Und Lotte ist irgendwie froh, kein Pinguin zu sein!

Warum haben Indianer keinen Bart?

Den Körper dicht auf den Waldboden gepresst, schiebt sich Old Shatterhand langsam noch ein wenig weiter durch das dichte Buschwerk. Sorgfältig sucht er dabei die Erde vor sich nach trockenem Laub und alten Zweigen ab und räumt sie mit der linken Hand vorsichtig aus dem Weg, während er mit der rechten sein Gewehr neben sich herzieht. Nur das leiseste Knistern, und die Indianer könnten ihn entdecken.

Er muss nun schon ganz in ihrer Nähe sein, denn er kann ihr Lagerfeuer riechen.

Wie in Zeitlupe schiebt sich Old Shatterhand noch ein Stück weiter, und dann hält er auf einmal gespannt den Atem an. Denn durch die Zweige und Blätter kann er den Garten überblicken, wo die Indianer ihr Lager aufgeschlagen haben.

Dort, neben dem alten Gartenhäuschen, steht ihr Zelt, und ein paar Meter davor kokelt in einem Ring aus großen Feldsteinen ein Lagerfeuer

vor sich hin. Langsam lässt Old Shatterhand den Blick über das Lager schweifen. Aber weit und breit ist kein Indianer zu entdecken.

Old Shatterhand muss grinsen. Sein Ablenkungsmanöver hat funktioniert. Vorhin ist er etwas weiter abseits wie ein Elefant durchs Unterholz getrampelt und hat dabei so viel Lärm gemacht, dass Rollender Donner und Großer Adler ihn entdeckt und sich mit lautem Kriegsgeheul und erhobenen Gummitomahawks auf ihn gestürzt haben. In einer wilden Verfolgungsjagd durch den Wald hat er sie vom Lager weggelockt und sich schließlich im dichten Farn so gut versteckt, dass sie einfach an ihm vorbeigelaufen sind. Dann hat er sich in großem Bogen wieder zum Lager zurückgepirscht.

Und nun ist endlich die Luft rein, um die weiße Frau zu befreien. Die ist nämlich an den zum Marterpfahl umfunktionierten Apfelbaum vor dem Gartenhäuschen gefesselt und wartet schon auf ihre Rettung.

»Tja, ihr miesen Rothäute, da habe ich euch ganz schön ausgetrickst«, murmelt Old Shatterhand und will sich gerade erheben, als hinter ihm plötzlich ein Zweig knackt. Old Shatterhand erstarrt.

»Netter Versuch, Papa, ähm, ich meine, Old Shatterhand«, hört er gleich darauf die Stimme von Jule, oder besser gesagt Rollender Donner, hinter sich.

»Nur eine falsche Bewegung, Bleichgesicht, und du gehst zu deinen Ahnen«, fügt Tristan, genannt Großer Adler, hinzu.

Langsam wendet Papa sich um. Hinter ihm stehen Jule und Tristan und blicken grinsend mit erhobenen Tomahawks auf ihn herab.

»Mist«, flucht Papa. »Ich dachte, ich hätte euch reingelegt.«

»Was, mit so einem billigen Trick?«, sagt Jule und lacht. »Wir haben dich natürlich im Farn gesehen, aber so getan, als ob wir nichts gemerkt haben. Wir sind ein bisschen weitergelaufen, haben

uns zurückgeschlichen und beobachtet, wie du aus deinem Versteck gekommen bist. Und dann sind wir dir gefolgt.«

»Tja, jetzt sitzt du in der Falle, Bleichgesicht!«, ruft Tristan. »An den Marterpfahl mit dir.«

Jule nimmt Papa den Stock aus der Hand, den er als Gewehr benutzt, und führt ihn dann gemeinsam mit Tristan zum Marterpfahl. Dort werden sie schon von Mama sehnsüchtig erwartet.

»Na endlich, da seid ihr ja«, sagt Mama. »Ich wäre vor Langeweile fast gestorben.«

»Keine Angst, weiße Squaw«, beruhigt Tristan Mama. »Dein Leid hat ein Ende. Dieses Bleichgesicht hat gestanden, unsere Pferde gestohlen zu haben. Du bist unschuldig und …«

»Ich soll was gestohlen haben?«, ruft Papa empört.

»Na, unsere Pferde«, erklärt Jule mit ernstem Gesicht, während Tristan Mama vom Marterpfahl losbindet.

»Stimmt ja gar nicht!«, protestiert Papa.

»Lügen ist zwecklos«, sagt Tristan. »Ab an den Marterpfahl!«

»Ach, Mann«, brummt Papa. »Warum muss am Ende immer ich an den Marterpfahl? Ich will auch mal Indianer sein.«

»Das geht nicht«, sagt Mama entschieden.

»Ach, und wieso nicht?«, will Papa wissen.

»Weil du einen Bart hast!«, antwortet sie mit breitem Grinsen. »Oder habt ihr etwa schon mal Indianer mit Bärten gesehen?«

Verblüfft gucken sich Papa, Jule und Tristan an und schütteln dann die Köpfe. Mama hat recht. Einen Indianer mit Bart haben sie noch nie gesehen. Weder im Fernsehen oder im Kino noch in irgendwelchen Büchern.

»So wie du grinst, wette ich, dass du uns bestimmt auch verraten kannst, wieso Indianer keine Bärte haben, oder?«, sagt Papa.

Erwartungsvoll gucken alle Mama an.

»Ja, als alter Indianerfan kann ich das«, erwidert Mama. »Streng genommen ist es nicht ganz so, dass Indianer gar keine Barthaare haben. Manche haben durchaus einen schwachen Bartwuchs, andere aber wirklich so gut wie gar keinen. Das haben sie übrigens mit Chinesen und Mongolen gemeinsam, mit denen sie verwandt sind.«

»Was? Mit Chinesen?«, fragt Tristan und guckt Mama an, als ob sie ihn veräppeln will.

»Doch, wirklich«, sagt Mama. »Vor vielen, vielen Tausend Jahren haben die Vorfahren der heutigen Indianer ebenso wie Chinesen und Mongolen in Asien gelebt, bevor einige dann nach Nordamerika ausgewandert sind.

Und aus dieser Zeit haben diese Völker immer noch ein paar gemeinsame Eigenschaften, die an die Nachkommen weitervererbt werden. So zum Beispiel auch der geringe Bartwuchs.«

»Aber wenn manche Indianer doch wenigstens ein paar Barthaare haben, warum ist davon dann nie was auf Bildern zu sehen?«, fragt Papa.

»Zum Teil, weil ein schwacher Bartwuchs kaum auffällt«, erwidert Mama. »Das Entscheidende aber ist, dass eine starke Körperbehaarung in vielen Indianerkulturen irgendwie, na ja, ähm …«

»Uncool war?«, schlägt Jule vor.

»Genau!«, sagt Mama. »Deswegen wurden Barthaare ebenso wie andere Körperhaare häufig ausgezupft. Zum Teil sicher auch, weil man sich so von den verhassten, wuschelbärtigen Bleichgesichtern abgrenzen wollte, die die Indianer unterdrückten. Übrigens reißen die Indianer heute noch Witze über kratzige Wangen und behaarte Arme und Beine weißer Männer.«

»Okay, dann weiß ich, was ich zu tun habe!«, sagt Papa grimmig.

Verdutzt gucken ihn Mama, Jule und Tristan an.

»Der wuschelbärtige Weiße«, beginnt Papa und zeigt auf sich, »geht Opa jetzt fragen, ob er seinen Rasierer leihen kann. Und dann komme ich als Indianer Glatte Haut wieder. Ich hab echt keine Lust mehr, Bleichgesicht zu sein.«

Aber niemand möchte, dass Papa seinen schönen Bart abnimmt. Und so beschließen sie dann nach einem ausgiebigen Indianerpalaver bei Saft und Keksen, aus Papa Häuptling Wuschelbart zu machen.

Warum fallen Vögel beim Schlafen nicht vom Baum?

Am Abend sind Mama und Papa eingeladen. Das findet Ben toll. Denn nun kann er bei seinem Cousin Alexander schlafen. Darauf freut er sich schon den ganzen Tag. Alexander ist nämlich schon acht und darf ganz alleine zur Schule gehen! Ben dagegen wird noch jeden Morgen von Mama in den Kindergarten gebracht. Wie ein Baby! Dabei ist er doch schon fünf! Außerdem hat Alexander einen ganz tollen Wellensittich: Der heißt Olli, ist himmelblau und absolut zahm. Wenn Alexander ihn auf seine Schulter setzt, kann er mit ihm durch die ganze Wohnung laufen, ohne dass Olli wegfliegt. Und wenn's ihm langweilig wird, knabbert er Alexander ganz vorsichtig am Ohr. Kein Wunder, dass Ben auch gern einen Wellensittich hätte. Aber Mama sagt immer nur: »Vielleicht, wenn du ein bisschen älter bist. So wie Alexander. Dann bist du auch alt genug, um ihn selbst zu versorgen.«

Ach, wenn Ben doch nur schon größer wäre!

»Olli kann ein neues Kunststück«, nuschelt Alexander mit der Zahnbürste im Mund. »Willst du es sehen?«

»Oh ja!«, ruft Ben.

Als sie wieder im Kinderzimmer sind, führt Alexander seinen Zeigefinger zu seiner Schulter, und schon springt Olli vom Schlafanzug auf den Finger. Dann setzt Alexander ihn vorsichtig auf seinem Schreibtisch ab. Aus der Schreibtischschublade nimmt Alexander ein kleines Wägelchen heraus und setzt es auf den Schreibtisch. Sofort stürzt Olli zu dem kleinen Wägelchen, packt mit dem Schnabel die Lenkstange und fährt damit los. Ben und Alexander biegen sich vor Lachen.

Da kommt Tante Sabine, Alexanders Mutter, ins Zimmer und sagt: »So, die Herren, Zeit, schlafen zu gehen. Und Olli kommt jetzt in den Käfig.«

»Schon?«, fragt Alexander enttäuscht.

»Ihr könnt ja noch eine Kassette hören«, schlägt Alexanders Mama vor.

»Die kenne ich doch schon alle!«, sagt Alexander gelangweilt, als er Olli in den Käfig setzt.

»Wetten, nicht?« Seine Mama zieht eine nigelnagelneue Kassette aus der Hosentasche.

»Super!«, ruft Alexander begeistert. Schnell legt er die blaue Decke mit den goldenen Sternchen über den Vogelkäfig und sagt: »Gute Nacht, Olli.« Kaum ist Olli unter der Decke verschwunden, springt Alexander ins Bett und ruft: »Ich schlafe an der Wand.« Dabei wirft er ein paar Stofftiere vom Bett auf den Boden. »So, jetzt haben wir genug Platz.«

»Toll!«, sagt Alexanders Mutter. »Dann kann's ja losgehen.«

Und während sie die Kassette einlegt, machen Ben und Alexander es sich im Bett gemütlich.

Wenig später lauschen die beiden gespannt einer tollen Detektivgeschichte. Ein bisschen gruselig ist es auch. Es geht nämlich um ein altes Schloss, aus dem nachts merkwürdige Geräusche kommen. Mit Taschenlampen machen sich ein paar Kinder auf, um diesem Geheimnis auf die Spur zu kommen. Und während die beiden zuhören, schallen Käuzchenrufe und andere seltsame Geräusche durchs dunkle Zimmer. Ben und Alexander sind mucksmäuschenstill. Und auch Olli sagt keinen Ton. Am liebsten würde Ben wie Olli unter der Decke verschwinden. Aber das traut er sich nicht. Was soll denn dann Alexander von ihm denken!

Doch langsam, aber sicher, quasi wie von Geisterhand, rutscht die Bettdecke der beiden immer höher. Bis zu den Nasenspitzen. Und das auf beiden Seiten! Zum Glück geht die Geschichte gut aus, und die beiden können beruhigt einschlafen.

Am nächsten Morgen wird Alexander von einem dumpfen Knall geweckt. Sofort ist er hellwach: »Ben? Was machst du denn auf dem Fußboden?«

»Ich bin aus dem Bett gefallen«, antwortet Ben verlegen.

»Hast du dir wehgetan?«, fragt Alexander.

»Nö, geht schon«, antwortet Ben und wirft ein Stofftier in Richtung Alexander. »Ich bin ja weich gefallen.«

Sofort ist eine wilde Stofftier-Kissenschlacht im Gange.

»Na-na-na-na-na. Ben ist aus dem Bett gefallen«, singt Alexander.

Ben will Alexander ablenken und fragt schnell: »Warum fällt Olli eigentlich beim Schlafen nie von der Stange?«

»Das liegt an seinem Greifreflex«, antwortet Alexander.

»Was ist denn das?«, fragt Ben.

»Den haben alle Vögel. Vögel haben nämlich einen Reflexpunkt auf der Fußsohle. Landen sie auf einem Ast oder einer Stange und berühren diesen Punkt, wird ganz automatisch der Greifreflex ausgelöst, und die Zehen umklammern fest den Ast. Um die Spannung über längere Zeit oder im Schlaf zu halten, gibt es aber noch einen anderen Trick.«

»Und welchen?«, fragt Ben gespannt.

»Den Sehnentrick. Warte, ich zeig's dir!«, sagt Alexander und springt aus dem Bett. Mit einem Vogelbuch in der Hand kommt er zurück und liest vor: »Bei Vögeln verläuft eine Sehne vom Oberschenkelmuskel über das Knie weiter das Bein hinunter bis zu den Zehen. Setzt sich ein Vogel auf einen Ast, beugt er automatisch seine Knie. Durch sein Körpergewicht spannt sich nun die Sehne, welche die Zehen wie mit einem Gummiband fest zusammenzieht. Will der Vogel weiterfliegen, macht er ein paar Flügelschläge, damit sich seine Beine wieder strecken und sein Körpergewicht nicht mehr auf die Sehne drückt. Das entspannt die Sehne, und die Zehen können loslassen.«

Ben staunt. Alexander kann ja richtig toll vorlesen! Aber ganz verstanden hat er es nicht.

»Guck mal, hier sind auch noch Zeichnungen. Da ist die Sehne ganz dick in Rot eingezeichnet«, sagt Alexander.

Ben sieht sich die Bilder an. Bei der ersten Zeichnung fliegt ein Vogel gerade auf einen Ast zu. Seine Beine und Zehen sind gestreckt. Auf der zweiten Zeichnung ist er gelandet. Nun sind seine Beine eingeknickt und seine Zehen fest um den Ast gekrallt.

Jetzt hat Ben es verstanden und fragt: »Und Olli? Macht der das auch so?«

»Na klar!«, antwortet Alexander.

»Aber wieso kippt Olli beim Schlafen nicht nach vorne oder hinten?«, fragt Ben nachdenklich.

»Weil Vögel im Becken noch ein zweites Gleichgewichtsorgan haben.

Und das verhindert das Umkippen. Sieh mal, hier ist es auch eingezeichnet.« Alexander hält Ben noch einmal das Buch unter die Nase. »Siehst du?«, fragt er, und Ben nickt.

Da steckt Alexanders Mama den Kopf ins Zimmer und sagt: »Guten Morgen, ihr beiden! Frühstück ist fertig.«

Sofort flitzen die beiden in die Küche.

»Und was machen wir heute noch?«, fragt Ben, als er ins Brötchen beißt.

»Heute ist Samstag«, antwortet Alexander und verzieht das Gesicht.

»Ja und? Was ist denn daran so schlimm?«, fragt Ben.

Alexander seufzt. »Samstags muss ich Ollis Käfig sauber machen.«

Nun verzieht auch Ben das Gesicht. Und plötzlich findet er es gar nicht mehr so schlimm, keinen Wellensittich zu haben. Im Gegenteil. Manchmal ist es sogar richtig schön, erst fünf zu sein!

Wieso sehen Fledermäuse mit den Ohren?

»Mensch, nun hört doch endlich mit der blöden Leserei auf«, sagt Nina genervt. »Wir wollten doch überlegen, was wir heute machen!«

Es ist Samstagvormittag, und Nina und Fabian sitzen mit Mama und Papa am großen Küchentisch. Eigentlich sind alle längst mit dem Frühstück fertig. Nur Mama und Papa trödeln wieder mal herum. Als wären Nina und Fabian gar nicht da, starren sie ganz konzentriert auf langweilige Riesenseiten voller Minibuchstaben.

»Hm«, antwortet Papa. Er nimmt seine Zeitung runter und runzelt die Stirn. Was schon mal gar nicht schlecht ist, weil er dann meistens angestrengt nachdenkt.

Aber dann füllt Papa sich seinen Becher noch einmal bis zum Rand mit Kaffee. »Mir geht's nicht so gut. Hab Halsschmerzen«, sagt er und zeigt auf den Schal, den er um den Hals trägt. »Fangt doch einfach schon mal mit dem Überlegen an!«

»Och Mann, Papa!«, ruft Nina empört. »Das ist …«

»Der absolute Hammer!«, schreit plötzlich Mama und haut begeistert mit der flachen Hand auf den Tisch. So heftig, dass alle erschrocken zusammenzucken und Papa, der gerade den Kaffeebecher hochgenommen hat, die Hälfte verschüttet.

»Musst du einen denn so erschrecken!«, sagt Papa und versucht hektisch, den kleinen Kaffeesee auf dem Tisch mit einer Papierserviette einzudämmen.

»Oh, tut mir leid!«, sagt Mama und hält sich grinsend die Hand vor den Mund. »Aber dieser Artikel hier ist einfach unglaublich. Es geht um Fledermäuse. Genauer gesagt darum, wie sie mit ihren Ohren sehen. Und das Irrste ist, dass Menschen das angeblich auch können und …«

Plötzlich hört Mama auf zu reden, weil sie merkt, dass alle sie nur mit großen Augen anstarren.

»Mit den Ohren sehen?«, fragt Papa schließlich amüsiert. »Fledermäuse? Und wir auch? Hast du Fieber?«

»Okay, das klingt vielleicht etwas komisch«, gibt Mama zu. »Aber los, wir probieren es gleich mal aus!«

Bevor Papa reagieren kann, ist Mama aufgestanden und hat ihm den Schal abgenommen.

»So, wir machen jetzt ein Experiment. Ich gehe aus der Küche und verbinde mir die Augen. Ihr verteilt euch in der Zwischenzeit hier im Raum. Dann komme ich wieder rein und werde euch, ohne nach euch zu tasten, mit verbundenen Augen finden.«

Gleich darauf ist sie auch schon verschwunden. Fragend gucken sich Papa, Fabian und Nina an. »Warum nicht?«, sagt Papa und zuckt die Achseln. »Wir wollten doch sowieso was zusammen machen.« Er steht auf und stellt sich neben den Kühlschrank, während Fabian unter den Tisch kriecht. Nina bleibt einfach sitzen. Darauf kommt Mama bestimmt nicht.

»Aufpassen! Ich komme!«, ruft Mama.

Als Mama an der Küchentür auftaucht, bleibt ihnen vor Überraschung die Spucke weg. Mit ausgestreckten Armen kommt sie hereingeschlurft und fängt an, laut mit der Zunge zu schnalzen. Pausenlos weiter vor sich hin schnalzend, steuert sie schließlich auf Papas leeren Stuhl zu. Papa will erst nichts sagen, doch dann hält er es nicht mehr aus: »Vorsicht ...«, beginnt er. Aber es ist zu spät.

Mama kracht mit dem Schienbein gegen den Stuhl und verliert das Gleichgewicht. Zum Glück kann sie sich noch auf dem Tisch abstützen – auch wenn beide Hände in den Rühreiresten auf Papas Teller landen.

»Mist«, schimpft Mama und zerrt sich den Schal von den Augen.

»Von wegen alle Menschen können wie Fledermäuse mit den Ohren sehen! Was für ein Blödsinn!«

»Fledermäuse? Mit

den Ohren sehen? Kapiert ihr das?«, fragt Fabian und krabbelt wieder unter dem Tisch hervor. Aber Nina und Papa schütteln nur den Kopf.

»In dem Artikel steht, dass Fledermäuse fast nur nachts unterwegs sind. Dann fliegen sie auf Nahrungssuche umher«, erklärt Mama, während sie sich die Hände wäscht. »Mit den Augen können sie im Dunkeln natürlich nichts sehen. Aber um Hindernissen auszuweichen oder Beute, wie zum Beispiel ein Insekt, zu entdecken, haben sie einen besonderen Trick«, sagt Mama und setzt sich wieder.

»Einen Trick?«, fragt Nina verblüfft.

Mama nickt. »Ja, beim Fliegen stoßen sie ständig kurze Rufe aus. Teilweise sind die sogar so laut wie ein Düsenjet. Aber weil die Töne extrem hoch sind, hören wir sie nicht. Doch wenn diese Laute auf Gegenstände oder auf ein Insekt treffen, prallen sie als Echos zurück. Das ist hier toll zu sehen«, sagt Mama und zeigt auf die aufgeschlagene Zeitschrift vor sich. »Die Echos sind zwar leise, aber mit ihren riesigen scharfen Ohren kann die Fledermaus je nach Art des Echos hören, ob sie ein Hindernis vor sich hat oder ein leckeres Insekt.«

»Aha, deswegen sehen die also mit den Ohren«, sagt Fabian. »Aber bei Menschen geht das doch nie im Leben.«

»Im Artikel schreiben sie, dass es blinde Menschen gibt, die sich mit Schnalzlauten orientieren. Ähnlich wie Fledermäuse erkennen sie mithilfe der Schnalzechos und ihres scharfen Gehörs, wie ihre Umgebung aussieht. Und angeblich soll das jeder können. Völliger Blödsinn!«, schimpft Mama und reibt sich das Schienbein.

»Ist ja interessant. Lass mal sehen«, sagt Papa. Er schnappt sich die Zeitschrift und beginnt zu lesen.

»Vielleicht hast du ja zu kleine Ohren«, versucht Nina, Mama zu trösten.

»Stimmt«, ruft Fabian. »Mit Papas schönen Segelohren hätte es bestimmt geklappt!«

Das bringt Mama endlich wieder zum Lächeln. Und auch Papa muss schmunzeln.

»Danke für das Kompliment«, sagt Papa und blickt von der Zeitschrift auf. »Leider hätte ich das wohl auch nicht geschafft. Wie's aussieht, hat Mama das letzte Stück nicht gelesen. Da steht unter anderem: ›Um sich durch Echos zu orientieren, ist wochenlange Übung nötig!‹«

»Oh«, meint Mama und lacht.

»Wisst ihr, was?«, fragt Papa. »Im Zoo gibt es gerade Fledermaussafaris. Da kann man live erleben, wie richtige Profis mit den Ohren sehen.«

»Super, und die Wartezeit bis zum Dunkelwerden vertreiben wir uns im Kino«, schlägt Mama vor. »Wir haben doch noch den Gutschein von Oma und Opa.«

Das halten alle für eine Spitzenidee, und so machen sich Nina, Fabian, Mama und Papa wenig später auf ins Kino.

Warum knurrt manchmal unser Magen?

Frieda ist mit Oma im Wald Pilze sammeln.

»Ich hab einen!«, ruft Frieda und hält stolz einen Pfifferling in die Höhe. Aber erst nachdem Oma einen Blick auf Friedas Beute geworfen hat, darf sie ihn zu den anderen Pilzen ins Körbchen legen. Frieda weiß, dass man nicht alle Pilze essen darf. Manche sind giftig, und man bekäme fürchterliche Bauchschmerzen, wenn man sie essen würde. Deshalb muss jeder Pilz erst einmal von Oma genau angesehen werden. Denn Oma ist eine echte Pilzexpertin, sie hat noch nie Bauchschmerzen von Waldpilzen

bekommen. Und Frieda auch nicht. Und sie war schon oft mit Oma im Wald Pilze sammeln.

Beim Anblick des halb vollen Körbchens läuft Frieda das Wasser im Mund zusammen. Denn Oma ist nicht nur Expertin im Pilzesammeln, sondern auch im Eierkuchenbacken. Mama sagt immer, Omas Pilzomelette sei ein Gedicht. Frieda versteht nicht so richtig, was sie damit meint. Aber es muss schon etwas Gutes sein, weil Mamas Teller immer ganz schnell leer gegessen ist und kein einziges Krümelchen übrig bleibt.

Plötzlich knurrt Friedas Magen. So laut, dass Oma aufschaut und fragt: »Nanu, was war denn das? Hast du Hunger?«

»Und wie!«, ruft Frieda.

Da zaubert Oma einen roten Apfel aus ihrer Jackentasche hervor.

»Ein Schneewittchenapfel!«, ruft Frieda begeistert und beißt ein großes Stück ab.

»Und jetzt können wir noch ein bisschen weitersuchen. Unser Körbchen ist ja erst halb voll«, sagt Oma und sucht mit ihren Augen den Boden nach Pilzen ab.

»Ist Magenknurren eigentlich gefährlich?«, fragt Frieda.

»Nein«, antwortet Oma. »Wie kommst du denn auf die Idee?«

»Weil es sich manchmal so gefährlich anhört. So als ob ein kleiner Bär in meinem Bauch sitzt und fürchterlich knurrt und brummt, weil er nichts zu essen bekommt.«

»Nein, nein. Da brauchst du dir keine Sorgen zu machen! Magenknurren ist etwas ganz Normales«, antwortet Oma und schüttelt den Kopf. »Da sitzt ganz sicher kein kleiner Bär in deinem Bauch. Du brauchst nur etwas zu essen, und schon ist das Knurren weg.«

»Und wer knurrt dann so?«, fragt Frieda weiter.

»Dein Magen. Er arbeitet nämlich immer, egal, ob er leer ist oder nicht.«

Frieda staunt. Noch nie hat sie etwas von einem arbeitenden Magen gehört. Mama und Papa arbeiten, aber ihr Magen?

»Ja, alles in unserem Körper hat eine Aufgabe. Die Nase ist zum Riechen da, die Augen zum Sehen und die Ohren …

»… zum Hören«, ergänzt Frieda Omas angefangenen Satz.

»Genau«, bestätigt Oma. »Und so ist es auch mit den Organen, die wir nicht sehen können. Sie haben alle eine Aufgabe. Der Magen-Darm-Trakt ist dazu da, wichtige Nährstoffe, die unser Körper braucht, aus unserer Nahrung herauszuholen. Deshalb ist es ja auch so wichtig, gesunde Sachen zu essen. Denn nur aus gesunden Sachen kann unser Körper all die Dinge herausfiltern, die er braucht.«

Das findet Frieda interessant. »Und wie macht er das?«, fragt sie neugierig und beißt in ihren Apfel. Während Frieda kaut, erklärt Oma: »Mit

deinen Zähnen zerkleinerst du den Apfel in ganz kleine Stücke. Wenn sie klein genug sind, schluckst du sie hinunter. Und schwups, rutscht alles durch die Speiseröhre in den Magen.« Dabei fährt Oma mit dem Zeigefinger von Friedas Hals die Speiseröhre entlang bis zum Magen.

»Im Magen befindet sich Magensaft. Dieser vermischt sich jetzt mit den Apfelstückchen, und der Verdauungsprozess nimmt seinen Lauf. Der Magen besteht zum großen Teil aus Muskeln. So kann er, wenn er seine Aufgabe erfüllt hat, durch Bewegungen den Apfel, oder besser gesagt das, was noch von ihm übrig ist, weiter in den Zwölffingerdarm schieben.«

Bei diesen Worten fährt Oma mit der ganzen Hand über Friedas Magengegend und macht leichte Knetbewegungen. »Und das Beste: Das alles geschieht ganz automatisch, wir brauchen uns nicht darum zu kümmern!«

»Ja, aber wo kommt das Knurren her?«, will Frieda wissen.

»Wenn der Magen leer ist, arbeitet er trotzdem weiter«, fährt Oma fort. »Die starken Muskeln ziehen sich weiterhin zusammen und dehnen sich wieder. Diese Bewegungen sorgen dafür, dass Luft in den Darm gepresst wird. Eigentlich kommen die Geräusche gar nicht aus dem Magen, sondern aus dem Zwölffingerdarm, den man auch Knurrdarm nennt. Und das sind die Geräusche, die man hört, wenn der Magen knurrt.«

»Da bin ich aber froh!«, sagt Frieda erleichtert. »Ich habe tausendmal lieber einen Knurrdarm als einen kleinen Bären im Bauch!«

Wenig später duftet es im ganzen Haus nach Eierpfannkuchen mit frischen Pilzen. Mama ist mittlerweile auch bei Oma eingetroffen. Frieda erzählt Mama, was sie heute alles gelernt hat. Doch als Oma das dampfende Pilzomelette serviert, wird es mucksmäuschenstill in der Küche, und alle lassen es sich schmecken.

Frieda ist als Erste fertig und sagt: »Das war aber ein leckeres Gedicht!«

Oma und Mama sehen sich verdutzt an. Dann prusten sie vor Lachen und haben Mühe, sich nicht zu verschlucken. Diese Gelegenheit nutzt Frieda, um Mamas letzten Pilz vom Teller zu stibitzen. Und während Frieda ihn genüsslich kaut, lächelt sie verschmitzt von einem Ohr zum anderen.

Warum gibt es so viele Sprachen?

»Thea, rate mal, was ich heute Nacht geträumt habe!«, ruft Caroline, als sie als Erste in den Raum gestürmt kommt. Wie jeden Morgen im Kindergarten wartet auf die Seerosengruppe bereits das Frühstück, das ihre Erzieher Thea und Ludwig zubereitet haben.

»Hm, mal überlegen«, sagt Thea und stellt eine Kanne mit heißem Kakao auf den Tisch, während sich Caroline hinsetzt. »Vielleicht, dass du den Weltrekord im Kakaotrinken gebrochen hast?«

»Nee«, kichert Caroline.

»Hm, dass du fliegen kannst?«

»Nein, auch nicht. Da kommst du nie drauf … Ich hab geträumt, dass ich in die Schule gekommen bin und du und Ludwig unsere Lehrer wart.« Caroline sieht sich suchend um. »Wo ist Ludwig überhaupt?«

»Der ist draußen im Garten und bereitet eine Überraschung vor«, antwortet Thea geheimnisvoll.

»Eine Überraschung?«, fragt Aische, die eben als Letzte gekommen ist. »Was denn für eine Überraschung?«

Statt zu antworten, geht Thea zum großen Fenster, durch das man in den Garten gucken kann – jedenfalls normalerweise. Denn im Moment sind aus irgendeinem Grund die Vorhänge zugezogen. »Abrakadabra«, ruft sie, und dann zieht sie mit einem Ruck die Vorhänge zur Seite. »Euer neuer Kletterturm ist da. Ludwig baut ihn gerade zusammen.«

Mit großen Augen gucken alle nach draußen. Tatsächlich. Da ist Ludwig. Aber von einem Kletterturm ist noch nichts zu sehen. Dafür türmt sich ein riesiger Paketstapel auf dem Rasen. Ludwig steht davor und kratzt sich mit einer Hand am Kopf, während er in der anderen ein Bündel mit großen Zetteln hält.

»Besser, wir schauen mal, ob alles in Ordnung ist«, sagt Thea.

»Mist«, schimpft Ludwig, als alle um ihn herumstehen. »Montageanleitungen in sämtlichen Sprachen, aber ausgerechnet die auf Deutsch fehlt!«

Neugierig gucken alle auf die Zettel. Da stehen lauter klitzekleine Buchstaben drauf. Einige sehen ganz komisch aus. Fast schon wie Bilder. Und dann sind da noch Zeichnungen, die nur so vor Strichellinien und Kletterturmteilen wimmeln, dass einem fast schwindelig wird.

»Und was nun?«, fragt Thea.

»Mein Englisch wird wohl reichen«, meint Ludwig. »Wird aber ein bisschen länger dauern.«

Kurz vor dem Mittagessen hat Ludwig es geschafft, und alle stehen staunend vor dem Turm.

»Ist der schief?«, fragt Thea »Und was sind das da für zwei Latten auf dem Boden?«

»Schief?!«, ruft Ludwig entrüstet. »Der steht wie eine Eins! Und die Latten waren irgendwie übrig. Sind wohl Reserve. Egal, passt mal auf, wie stabil der ist!«

Bevor jemand etwas sagen kann, beginnt Ludwig, heftig am Turm herumzurütteln.

»Vorsichtig, der wack…«, ruft Ole gerade noch, als sich der Turm auch schon zur Seite neigt und krachend umkippt.

Wenig später beim Mittagessen versuchen alle, Ludwig zu trösten.

»Echt blöd, dass es so viele Sprachen gibt«, sagt Henry.

»Genau, würde es nur eine geben, wäre das gar nicht passiert«, sagt Gregor.

»Das ist nett von euch«, meint Ludwig. »Aber ich hätte mir einfach mehr Zeit lassen sollen. Die vielen Sprachen können nichts dafür.«

»Warum gibt es denn so viele Sprachen?«, will Caroline wissen, und alle sehen Ludwig ganz gespannt an.

»Hm«, überlegt Ludwig. »Interessante Frage. Thea, du hast doch mal was mit Sprache studiert. Hast du eine Ahnung?«

»Hab ich tatsächlich«, antwortet Thea. »Im Grunde hat das damit zu tun, dass Menschen seit vielen Tausend Jahren immer wieder gewandert sind.«

»Gewandert?«, fragt Henry verblüfft.

»Na ja, nicht so wie bei einem Wanderausflug«, erklärt Thea. »Sondern über einen langen Zeitraum und weite Entfernungen. Wenn eine Gruppe von Menschen irgendwo nicht mehr gut leben konnte, weil sie zum Beispiel zu wenig zu essen hatten oder von stärkeren Gruppen bedroht wurden, ist ein Teil der Gruppe weitergezogen. Ihre Sprache haben die Menschen dabei natürlich mitgenommen. Im Laufe der Zeit hat sie sich jedoch verändert. Weil zum Beispiel Wörter für neue, unbekannte Sachen gefunden werden mussten, weil Wörter für alte Sachen nicht mehr gebraucht wurden oder weil man auf eine andere Gruppe traf. Dann konnte es nämlich passieren, dass sich die Gruppensprachen vermischt haben und daraus eine neue entstanden ist. Deswegen sind viele Sprachen auch miteinander verwandt.«

»Verwandt?«, kichert Caroline. »Sprachen haben doch keine Eltern oder Geschwister!«

»Doch, genauso ist es«, erklärt Thea. »Alle Sprachen werden in Sprachfamilien eingeteilt. Die Sprachen einer Sprachfamilie hatten irgendwann vor langer Zeit einmal die gleiche Ursprungssprache. Deswegen haben sie auch heute noch viele Gemeinsamkeiten. So wie zum Beispiel Deutsch, Englisch, Französisch oder Russisch. Nein heißt zum Beispiel auf Englisch No, auf Französisch Non und auf Russisch Njet.«

»Hört sich wirklich etwas ähnlich an«, findet Caroline.

»Genau«, erwidert Thea. »Das kommt daher, weil diese Sprachen zusammen mit noch anderen zur indogermanischen Sprachfamilie gehören. Stellt euch diese Sprachen als Schwestern und Brüder vor, dann wäre die indogermanische Sprache der Uropa, der inzwischen nicht mehr lebt.«

»Bei der ewigen Hin-und-her-Wanderei muss es aber ganz schön viele Sprachen geben«, überlegt Aische.

»Stimmt«, sagt Thea. »Und zwar so an die fünftausend. Genau wissen das selbst die Sprachforscher nicht. Denn in vielen abgelegenen Gegenden der Erde gibt es Sprachen, von denen man kaum etwas weiß. Übrigens weiß man auch nicht, ob es einmal nur eine einzige Ursprache gegeben hat oder von Beginn an gleich mehrere.«

»Puh, ist ja interessant«, meint Ludwig. »Aber soll ich euch mal verraten, was ich nicht weiß?«

Alle gucken Ludwig gespannt an.

»Wie ich jetzt den Kletterturm hinkriegen soll.«

»Mit eurer Hilfe natürlich«, antwortet Thea.

Und so wird es dann auch gemacht. Mit vielem Überlegen, Schwitzen, Schimpfen, Fluchen, Lachen, Reden und Probieren. So lange, bis der Turm endlich steht – und kein einziges Teil mehr übrig ist.

Warum heben Hunde beim Pipimachen das Bein?

Max und Moritz sind beste Freunde. Das ist auch kein Wunder: Beide haben eine Menge Unsinn im Kopf, sind am liebsten draußen, werden nicht gerne gewaschen, essen Würstchen um die Wette und schlafen am liebsten in einem Bett – jedenfalls dann, wenn Mama es nicht sieht. Außerdem ist Moritz der beste Torhüter der Welt! Wenn Moritz unter dem großen Rosenbogen im Garten steht, ist es für Max fast unmöglich, einen Ball zwischen die beiden Pfosten zu bekommen.

Trotzdem gibt es einen großen Unterschied zwischen den beiden: Max ist ein Junge, und Moritz ist ein Hund. Um genau zu sein, ein ziemlich zotteliger, gut gelaunter, kleiner, schwarz-weißer Mischling. Mama meint,

Moritz wäre eine Mischung aus einem weißen Westie und einem schwarzen Pudel. Max ist das ziemlich egal. Für ihn ist Moritz einfach der Größte!

Gerade tollen Max und Moritz im Garten herum und kämpfen um ein Tau.

»Grrrrr«, knurrt Moritz und hält das Tau in seinem Maul mit aller Kraft fest.

»Grrrr«, knurrt Max zurück und denkt nicht im Traum daran, das Tau loszulassen.

»Max!«, ruft Mama in den Garten. »Gehst du bitte mit Moritz Gassi?«

»Gleich«, antwortet Max. »Wir machen gerade ein Kämpfchen.«

»Du weißt ja, dass Luis gleich zum Hausaufgabenmachen kommt.«

»Jaja«, sagt Max und knurrt weiter.

Luis geht genau wie Max in die 2 a. Vielleicht kann Luis einfach mitkommen. Dann würde das Gassigehen bestimmt mehr Spaß machen.

»Maximilian!«, ruft Mama noch einmal.

»Alarmstufe Rot«, sagt Max zu Moritz und lässt das Tau in seiner Hand los.

Denn immer, wenn Mama »Maximilian« sagt, ist der Spaß vorbei. Moritz taumelt durch das plötzliche Loslassen ein paar Schritte nach hinten und landet mitten im Blumenbeet.

»Auch das noch. Meine schönen Blumen!«, ruft Mama und kommt hinaus in den Garten gelaufen.

Da klingelt es. »Siehst du, jetzt ist Luis schon da«, sagt Mama.

»Dann kommt er eben mit«, meint Max und freut sich, dass Luis so pünktlich ist.

Max geht zur Tür, öffnet und fragt gleich: »Hast du Lust, Gassi zu gehen?«

»Klar«, antwortet Luis und fügt leise hinzu: »Alles besser, als Hausaufgaben zu machen.«

Zufrieden nimmt Max Moritz an die Leine. Luis stellt schnell seine Schultasche im Flur ab, und dann sind die drei auch schon draußen.

»Bleibt aber nicht so lange weg!«, ruft Mama ihnen hinterher. »Ihr müsst ja noch Hausaufgaben machen.«

Als Max und Luis die Straße hinuntergehen, schnüffelt Moritz den Boden ab. Besonders interessiert ihn der Grünstreifen. Ab und zu bleibt er stehen und schnüffelt ziemlich lange an einer Stelle.

»Warum schnüffelt er denn so lange? Und warum bleibt er ständig stehen?«, fragt Luis.

»Weil Gassigehen für Hunde wie Zeitunglesen für Menschen ist«, antwortet Max.

»Wieso? Hunde können doch nicht lesen.«

»Und ob«, sagt Max. »Sie können zwar nicht wie Menschen lesen, aber dafür können sie besonders gut riechen. Viel, viel besser als wir.

Und der Weg, der Grünstreifen, die Bäume, die Laternenpfähle sind wie eine riesige Zeitung für Moritz. Darin kann er genau lesen, oder besser gesagt riechen, wer hier heute schon langgegangen ist, ob Hündinnen paarungsbereit sind, ja sogar, ob ein Hund gesund oder krank ist. Durch die Nase erfährt er alles, was in letzter Zeit in seinem Revier passiert ist.«

»Und wie geht das genau?«, fragt Luis.

»Na, durch die Pipimarkierungen der anderen Hunde.«

Luis staunt und fragt: »Am Pipi kann er all das herauslesen?«

Max nickt: »Ja, und je länger die Schnauze eines Hundes ist, desto besser kann er riechen.«

»Und warum?«

»Weil in der Schnauze die Riechzellen sitzen. Je länger die Schnauze, desto mehr Riechzellen hat der Hund.«

»Da muss Moritz aber gut riechen können!«, ruft Luis.

»Und wie«, antwortet Max stolz. »Moritz könnte man glatt als Polizeihund nehmen!«

»Haha.« Luis lacht. »Moritz als Polizeihund? Besonders gefährlich sieht er aber nicht aus.«

»Muss er ja auch nicht«, sagt Max beleidigt. »Auf die Nase kommt es an! Hast du noch nie etwas von Fährtenhunden gehört? Hunde können nämlich einen Geruch aus ganz vielen Gerüchen herausfiltern. Dadurch können sie vermisste Menschen aufspüren oder bestimmte Sachen finden.«

»Ach, so meinst du das«, sagt Luis.

»Und Lawinenhunde können verschüttete Menschen sogar noch unter einer Schneedecke von bis zu dreieinhalb Metern aufspüren.«

»Echt?«, fragt Luis und staunt.

Moritz interessiert das alles nicht die Bohne. Seelenruhig schnüffelt er weiter, hebt ab und zu sein Bein und macht ein paar Spritzer Pipi.

»Und warum hebt er ständig sein Bein beim Pipimachen?«

»Das ist ein Trick«, antwortet Max.« Durch das Pipimachen hinterlässt Moritz seinen Duft. So markiert er sein Revier. Je höher er pinkelt, desto besser. Dann denkt nämlich der nächste Hund, Moritz wäre viel größer.«

»Das ist ja ein toller Trick«, sagt Luis beeindruckt. »Ich habe aber auch schon Hunde gesehen, die setzen sich beim Pipimachen hin.«

»Das sind entweder Weibchen oder ganz junge Hunde, die noch keinen Ranganspruch haben«, erklärt Max.

Da kommt ein kleiner Jack-Russell-Terrier um die Ecke. Der ist noch viel kleiner als Moritz, und er schnuppert genau da, wo Moritz gerade seine Duftmarke hinterlassen hat. Dann stellt er sich auf die Vorderpfoten und macht einen halben Handstand und pinkelt weit über Moritz' Duftmarke hinaus. Und während die drei noch staunen, setzt der kleine Jack-Russell-Terrier keck den Spaziergang samt Frauchen fort.

Max findet als Erster die Sprache wieder und fragt schnell: » Ist … ist das nicht eine Hündin?«

»Ja, das stimmt.« Die Hundebesitzerin dreht sich um und lacht. »Tja, es gibt eben auch bei den Hunden starke Frauen!«

»Echt?«, fragt Max. »Das wusste ich gar nicht.«

»Das machen auch nur ganz wenige Hündinnen«, erklärt die Hundebesitzerin. »Zum Beispiel als Dominanzverhalten, wenn ein Rüde in ihrer Nähe ist. Und Hündinnen markieren viel seltener als Männchen, nur ein- oder zweimal während des ganzen Spaziergangs.«

Diese Niederlage will Moritz nicht auf sich sitzen lassen und startet an derselben Stelle einen neuen Versuch. Er hebt sein Bein, so hoch er kann, pinkelt und riecht gleich noch mal nach. Aber so richtig zufrieden sieht er nicht aus.

»Von wegen Weibchen setzen sich immer hin«, sagt Luis. »Das war vielleicht eine Schlappe!«

»Das tun sie ja normalerweise auch«, verteidigt sich Max. »Diese Hündin ist eine absolute Ausnahme! So etwas habe ich vorher noch nie gesehen. Hast du ja auch gehört.«

Wenig später, als Max und Luis bereits Hausaufgaben machen, ruft Mama plötzlich: »Das gibt's doch gar nicht!« Sie steht am Wohnzimmerfenster und zeigt in den Garten.

Sofort springen Max und Luis vom Esstisch auf. Gespannt sehen sie hinaus. Da steht Moritz doch tatsächlich auf seinen beiden Vorderpfoten auf dem Rasen und übt seine neue Markierungsmethode. Ein wenig wackelig zwar, aber immerhin.

»Siehst du«, sagt Max stolz zu Luis. »Moritz ist eben doch der Größte!«

Brauchen Eskimos Kühlschränke?

»Worauf wartest du, Yannik. Es ist grün!«, will Ida gerade rufen, als ihr plötzlich die Luft wegbleibt. Ein eisiger Windstoß hat ihr einen dichten Schneeflockenwirbel ins Gesicht gepeitscht. Ida schnappt nach Luft. Dann stupst sie ihren Freund Yannik in die Seite und zeigt auf die grüne Fußgängerampel.

Gemeinsam stapfen sie durch den hohen Schnee zur Schule. Doch da sieht es fast genauso einsam und verlassen aus wie auf den Straßen. Weder vor der Schule noch auf dem verschneiten Schulhof daneben

ist irgendjemand zu sehen, und die großen Fenster im Schulgebäude, in denen sonst schon immer gemütlich das Licht leuchtet, liegen im Dunkeln.

So langsam kommt ihnen die Sache komisch vor.

»Sag mal, kann es sein, dass die Schule heute ausfällt?«, fragt Ida schließlich, ohne die riesigen dunklen Fenster aus den Augen zu lassen.

»Keine Ahnung«, antwortet Yannik. »Wir waren heute Morgen so spät dran, dass wir nicht mal Radio gehört haben und …«

»Hey, guck mal«, unterbricht Ida ihn und zeigt auf den Eingang. »Da ist Licht angegangen. Los, komm.«

Doch als sie auf den Fluren sind, ist niemand auf dem Korridor zu sehen.

»Komm, lass uns im Klassenzimmer nachgucken«, flüstert Ida.

»Warum flüsterst du?«, flüstert Yannik zurück.

»Weiß nicht. Weil ich's irgendwie besser finde!«

Yannik nickt nur, und dann schleichen sie auf Zehenspitzen weiter, bis sie vor der offenen Tür zu ihrem stockdunklen Klassenzimmer stehen.

»Mist«, flüstert Yannik. »Hier ist auch niem…«

»Ah, hab ich doch was gehört«, sagt plötzlich jemand hinter ihnen. Erschrocken wirbeln sie herum.

Erleichtert stellen sie fast, dass ihr Klassenlehrer Herr Bär vor ihnen steht.

»Oh, tut mir leid, wenn ich euch erschreckt habe«, entschuldigt sich Herr Bär. »Habt ihr denn gar nicht mitbekommen, dass heute die Schule ausfällt?«

Ida und Yannik schütteln den Kopf.

»Na ja, macht nichts, wir werden uns schon die Zeit vertreiben, oder? Kommt mal mit, ich hab Kakao gemacht.«

Während Herr Bär sie in den Aufenthaltsraum führt, erzählt er, dass er heute der einzige Lehrer ist und sich um die Schüler kümmert, die nicht mitbekommen haben, dass die Schule ausfällt. Im Aufenthaltsraum werden sie schon von Noah aus der Parallelklasse begrüßt.

»Machen wir heute denn Unterricht?«, fragt Yannik, als alle es sich bei einem Becher heißem Kakao am Tisch gemütlich gemacht haben. Zu dritt, überlegt Yannik, da muss man ja die ganze Zeit höllisch aufpassen, weil man dauernd drankommen kann.

»Na, was habt ihr denn gedacht«, erwidert Herr Bär mit ernstem Gesicht. »Ich hab mir ein paar tolle Rechenspiele ausgedacht.«

Mit weit aufgerissenen Augen gucken die drei ihn an.

»Kleiner Scherz«, beruhigt Herr Bär sie und lacht. »Ich dachte, wir machen heute Sachkunde und bauen eine Schneehöhle auf dem Schulhof. Ähnlich wie ein Iglu bei den Eskimos.«

Alle sind begeistert, und nachdem sie sich Schneeschieber, Schaufeln und kleine Handschaufeln von Herrn Krause, dem Hausmeister, ausgeliehen haben, stehen sie wenig später vor einer riesigen Schneewehe, die der Wind an der hohen Schulhofmauer aufgetürmt hat.

»Hänge oder Schneeverwehungen sind ideal für Schneehöhlen«, sagt Herr Bär und zeigt auf die Schneewehe. »Durch den Wind ist der Schnee schon etwas angepresst und außerdem meist so dick, dass die Decke stabil genug ist. Aber vorsichtshalber klopfen wir alles noch mal mit den Schneeschiebern fest.«

Nachdem alle eine Weile mit Feuereifer auf die Schneewehe eingedroschen haben, erklärt Herr Bär, wie es weitergeht.

Als Erstes buddeln sie einen Eingangstunnel, der leicht aufwärts führt. Danach graben sie die Wohnkammer aus, die etwas höher als der Eingang liegen muss, weil so die Wärme nicht nach draußen kann. Dann, als alle

vor lauter Buddeln und Schaufeln so fix und fertig sind, dass sie sogar lieber Rechenspiele machen würden, sticht Herr Bär zum Schluss noch Regale und einen Tisch aus den Höhlenwänden.

»Gar nicht so ungemütlich, so eine Eskimowohnung«, sagt Noah zufrieden, als sie sich dann bei Kerzenschein und frischem Kakao in ihrer Höhle erholen. »Fehlen nur noch ein Fernseher und ein Kühlschrank mit leckeren Sachen.«

»Eskimos brauchen doch keine Kühlschränke«, sagt Ida. »Wo die wohnen, ist es sowieso immer kalt.«

»Aber so blöd ist das mit Kühlschränken bei den Eskimos gar nicht«, sagt Herr Bär.

Erstaunt gucken ihn alle an. Eskimos und Kühlschränke? Das kann sich keiner so richtig vorstellen.

»Na ja«, erklärt Herr Bär. »In Alaska, Nordkanada oder Grönland, wo die Eskimos[1] oder die Inuit, zu denen die meisten Eskimos gehören, leben, ist es schon kalt. Aber dann auch meist so kalt, dass alles, was draußen lagert, gefriert. Und natürlich hat auch ein Eskimo keine Lust, an hart gefrorener Milch, Käse oder Wurst herumzulutschen.«

Bei der Vorstellung müssen Ida, Yannik und Noah kichern.

»Dann haben die also doch Kühlschränke in ihren Iglus?«, fragt Ida dann.

»Die meisten Eskimos wohnen heute in modernen Holzhäusern«, antwortet Herr Bär. »Mit Fernsehern, Computern und natürlich auch mit Kühlschränken. Und selbst ganz früher haben die meisten in Holzhütten oder Fellzelten gewohnt. Iglus haben sie gewöhnlich nur auf ihren weiten Jagdreisen gebaut, um sich nachts vor Kälte und Sturm zu schützen und …«

Da ertönt plötzlich der Mittagsgong auf dem Schulhof. »Donnerwetter, das war's leider schon für heute«, staunt Herr Bär.

Auch Ida, Yannik und Noah wundern sich, wie schnell die Zeit vergangen ist. Und als sie nach Hause gehen, freuen sich alle schon auf die Gesichter, die die anderen morgen machen werden. Wenn sie ihre Schneehöhle sehen und wenn sie hören, dass sogar Eskimos Kühlschränke brauchen.

---

1 »Eskimos« bezeichnet die arktischen Völker im nördlichen Polargebiet. Viele »Eskimos« lehnen diese Bezeichnung als abwertend ab. Da die heute stattdessen oft verwendete Bezeichnung »Inuit« nicht alle Eskimovölker einschließt und viele Völker diesen Begriff deshalb nicht akzeptieren, haben wir uns in dieser Geschichte für das Wort »Eskimo« entschieden und verwenden es als umgangssprachliche Sammelbezeichnung, die keine Herabsetzung der betroffenen Gruppe intendiert. Eine von allen Eskimogruppen akzeptierte Bezeichnung konnte bisher nicht gefunden werden.

Warum haben Giraffen so einen langen Hals?

Emma klatscht vor Freude in die Hände.

»Ein Fotoapparat!«, ruft sie und betrachtet mit großen Augen ihr Geschenk. Heute hat Emma nämlich Geburtstag. Fünf Jahre ist sie alt geworden. Genauso viele Jahre, wie Finger an einer Hand sind.

»Und wie schön er aussieht. Rosa und mit Blümchen! Viel schöner als Papas Fotoapparate.«

Papas Fotoapparate sind nämlich alle nur langweilig schwarz und furchtbar schwer. Außerdem wird Papa immer nervös, wenn Emma damit Fotos machen möchte.

»Danke!«, ruft sie und gibt erst Mama und dann Papa einen dicken Kuss.

»Jetzt hast du deine eigene Kamera«, sagt Papa erleichtert. »Und sie

ist ganz leicht zu bedienen. Hier guckst du durch, und auf diesen dicken Knopf drückst du, wenn du ein Foto machen möchtest. Und wenn du dann ein Foto gemacht hast, kannst du es dir in diesem Display hier ansehen.«

Kaum hat Papa das gesagt, ist Emma unterwegs zum Sofa. Dort liegt nämlich Cleo, die Katze, und putzt sich. Emma rast mit der rosafarbenen Kamera auf sie zu.

»Nicht so stürmisch!«, ruft Mama. Aber da ist Cleo schon unter dem Sofa verschwunden.

»Cle-o, Cle-ooo«, säuselt Emma mit ihrer liebsten Stimme, während sie vor dem Sofa liegt. »Ich will doch nur ein Foto von dir machen.«

Aber Cleo ist der komische Apparat nicht geheuer, und sie denkt im Traum nicht daran, unter dem Sofa hervorzukommen.

»Als Fotograf musst du viel Geduld haben und immer auf den richtigen Moment warten«, sagt Papa.

Dieser Moment dauert Emma aber jetzt zu lange, und sie gibt auf.

»Was hältst du davon, wenn wir heute in den Zoo gehen? Da gibt es so viele Tiere. Und eins hält bestimmt still«, schlägt Mama vor.

»Oh ja! In den Zoo!«, ruft Emma und fällt Mama vor Freude um den Hals.

Als sie wenig später im Zoo ankommen, ist Emma ganz kribbelig und weiß gar nicht, was sie zuerst fotografieren soll. Die Zebras oder die Löwen? Oder vielleicht doch lieber die Eisbären? Oder die Affen?

Zum Glück nimmt Mama Emma an die Hand und sagt: »Am besten folgen wir den Pfeilen.«

So kann Emma von allen Tieren Fotos machen. Aber schön der Reihe nach. Schließlich kommen sie zu den Giraffen.

»Die sind aber groß!« Emma staunt. »Viel größer, als ich sie mir vorgestellt habe.«

»Giraffen sind die höchsten Tiere der Welt«, liest Papa von einer Infotafel ab. »Sie werden circa fünfeinhalb Meter hoch, manche Bullen sogar sechs Meter.«

»Und ich kann nur die Beine fotografieren«, sagt Emma.

»Wenn du ein Stück zurückgehst, bekommst du die ganze Giraffe aufs Bild«, meint Mama.

»Dann kann ich aber nicht all die kleinen Härchen und Pünktchen in ihrem Fell sehen«, antwortet Emma.

»Kein Problem.« Papa nimmt Emma auf den Arm. »So bist du ein Stück größer.«

»Jetzt sehe ich direkt auf ihre Brust«, sagt Emma und drückt auf den Auslöser.

»Also noch eine Etage höher«, sagt Papa und setzt Emma auf seine Schultern.

»Und jetzt?«, fragt Papa.

»Jetzt kann ich ein Stück von ihrem Hals fotografieren. Der ist ja sooo lang!«, ruft Emma. »Aber ich möchte auch ihr hübsches Gesicht fotografieren! Sieh nur, was für lange Wimpern sie hat.«

Prompt säuselt Emma wieder in ihrer liebsten Stimme: »Hallo, Frau Giraffe, bitte lächeln, ich möchte ein Foto machen. Ich habe nämlich heute Geburtstag.«

Da passiert es. Die Giraffe sieht tatsächlich hinunter zu Emma. Das ist der richtige Moment, denkt Emma und drückt auf den Auslöser. »Danke, Frau Giraffe!«, ruft Emma begeistert. »Das wird bestimmt mein Lieblingsfoto!«

Kaum steht Emma mit beiden Beinen wieder auf dem Boden, fragt sie: »Warum haben Giraffen eigentlich so einen langen Hals?«

»Damit sie all die leckeren Blätter aus den Baumkronen der Akazien essen können. Akazienblätter sind nämlich das Lieblingsfutter von Giraffen«, erklärt Mama.

»Richtig«, sagt plötzlich eine unbekannte Stimme. Emma, Mama und Papa sehen sich verwundert um. Hinter ihnen steht ein Mann in Arbeitskleidung.

»Giraffen hatten aber nicht immer einen so langen Hals. Ihre Vorfahren, die vor etwa 65 Millionen Jahren in Europa, Afrika und Asien lebten, hatten noch kurze Hälse. Erst im Laufe der Entwicklung wurden die Giraffenhälse immer länger. Durch die längeren Hälse hatten die Giraffen den Vorteil, die Blätter hoch oben in den Bäumen fressen zu können. Die Tiere mit den längeren Hälsen hatten also bessere Überlebenschancen als die Giraffen mit kurzen Hälsen. Das Interessante daran ist, dass der lange Hals – wie bei den meisten Säugetieren, also auch bei uns Menschen – aus nur sieben Halswirbeln besteht. Diese sind dann allerdings jeweils gut 40 cm lang und werden von sehr starken Halsmuskeln gestützt.«

»Und woher wissen Sie das alles?«, fragt Emma neugierig.

»Weil ich diese Tiere schon viele, viele Jahre pflege.«

Das findet Emma spannend. »Sind Sie ein echter Tierpfleger?«

Der Mann lacht. »Das kann man wohl so sagen. Und mit der Zeit habe ich die Giraffen richtig lieb gewonnen. Und weil du so nett mit der lieben Elvira gesprochen und doch heute auch noch Geburtstag hast, will ich dir etwas ganz Besonderes zeigen.«

»Elvira?«, fragt Emma erstaunt.

»Ja, alle meine Giraffen haben Namen. Und jetzt würde ich dir gerne Josefine vorstellen. Sie hat vergangene Nacht ein Junges geboren. Die beiden sind im Giraffenhaus. Deine Eltern können natürlich mitkommen.«

Emma kann ihr Glück kaum fassen. Ein echtes Giraffenbaby!

Im Giraffenhaus kommt Emma aus dem Staunen nicht heraus: »Das ist aber ein großes Baby. Es ist ja genauso groß wie mein Papa.«

»Ja, es ist stolze 1,83 Meter groß.«

»Das muss es aber auch, sonst käme es nicht an das Euter der Mutter. Jetzt klappt es so gerade. Es ist übrigens ein kleiner Bulle. Der wird bestimmt mal richtig groß. Deshalb habe ich ihn Eugen genannt. Und später wird er der Lange Eugen sein. Na ja, eigentlich müssten meine Giraffen afrikanische Namen haben, denn heute leben Giraffen nur noch in Afrika.«

»Oder im Zoo!«, sagt Emma.

»Stimmt«, antwortet der Tierpfleger. »Und dann passen die Namen ja wieder.«

Wenige Tage später hängen in Emmas Zimmer jede Menge Tierfotos. Eugen, das Giraffenbaby, ist natürlich auch dabei. Und in der Mitte hängt ihr absolutes Lieblingsfoto. Eigentlich sind es ja vier. Aber Emma hat die Fotos so aufgehängt, dass sie fast so aussehen wie ein großes Foto. Zuerst die Beine, dann die Brust, der Hals und zum Schluss das süßeste Giraffengesicht der Welt. Elviras!

Warum können Schiffe schwimmen?

»Mensch, Papa, in Opas Werkstatt brennt's!«, sagt Jim und zeigt aufgeregt auf den alten Holzschuppen, der im hintersten Winkel gleich neben dem großen Fischteich in Omas und Opas Garten steht. Tatsächlich, durch ein Fenster sehen sie ein blaues Licht flackern, und dann prasseln auf einmal sogar Funken gegen die Scheibe.

»Wir müssen Opa retten«, ruft Jim und will schon losflitzen, als Papa ihn gerade noch am Jackenkragen festhält.

»Halt, alles in Ordnung«, beruhigt Papa ihn. »Opa arbeitet nur mit dem Schweißgerät. Das macht dieses blaue Licht und die Funken. Pass gleich auf, dass du nicht direkt da reinguckst. Das ist nämlich gefährlich für die Augen.«

»Und für Opas Augen nicht?«, wundert sich Jim.

»Doch, aber der hat eine Schutzbrille auf«, erklärt Papa. »Komm, gucken wir mal, was er gerade zusammenbastelt. Ich bin schon richtig gespannt.«

»Hallo, ihr zwei!«, ruft Opa.

»Hallo, Opa«, sagt Jim und starrt erst mal nur mit großen Augen auf Opas neuestes Werk.

»Was ist das denn?«, fragt Jim schließlich.

»Na, eine alte Badewanne. Man könnte aber auch sagen: mein neues Schiff, die Anne-Marie«, sagt Opa ganz stolz und zeigt auf die Seite der Badewanne, wo in großen Buchstaben der Name steht.

Jim und Papa sind ziemlich verwirrt. Eine Wanne als Schiff? Mit Mamas Namen drauf?

»Apropos, wo ist sie eigentlich?«, sagt Opa und grinst.

Jetzt sind Jim und Papa noch verwirrter. Fragend gucken sie sich an.

»Na, meine Tochter, natürlich«, hilft Opa ihnen auf die Sprünge.

»Ach so, Mama quatscht noch im Haus mit Oma«, sagt Jim. »Aber jetzt sag doch mal, was das mit der Badewanne soll.«

»Nicht Wanne, sondern Schiff«, verbessert Opa ihn. »Damit nehmen wir an der nächsten Badewannenregatta hier auf dem Tiplitz-See teil. Ich hab uns schon angemeldet. Da gibt's tolle Preise zu gewinnen. Aber das Wichtige ist natürlich der Spaß dabei.«

Doch weder Spaß noch tolle Preise scheinen Papa groß zu beeindrucken. »Wer ist wir?«, fragt er nur und schielt etwas ängstlich auf die große Badewanne.

»Na ja, Jim und ich, denke ich mal«, erwidert Opa. »Zwei Erwachsene sind wahrscheinlich zu schwer für die Anne-Marie.«

Jim ist ganz schön stolz, dass Opa ihn dabeihaben will. Aber irgendwie ist ihm die Sache auch nicht ganz geheuer. »Schwimmt denn die W…, äh, die Anne-Marie überhaupt, Opa? Die ist doch aus Eisen und bestimmt mordsschwer, und was ist, wenn der Stöpsel nicht hält?«

»Der Stöpsel?«, fragt Opa verblüfft. Aber dann begreift er. »Keine Bange, wir brauchen keinen Stöpsel. Den Abfluss hab ich zugeschweißt. Da kommt kein Tropfen rein. Und was das Gewicht anbelangt, zeig ich euch mal was.« Suchend blickt Opa sich auf seiner Werkbank um. Dann fällt sein Blick auf einen zerknitterten Bogen Alufolie. Sorgfältig streicht er ihn erst glatt und faltet dann ein Schiffchen daraus.

Papa und Jim sehen sich erstaunt an und zucken nur die Achseln.

Inzwischen hat Opa unter der Werkbank eine Plastikschüssel hervorgekramt. Er lässt Wasser aus einem rostigen alten Wasserhahn hineinlaufen.

»So, was passiert, wenn ich das Schiff ins Wasser setze?«, fragt er und stellt die Schüssel auf die Werkbank.

»Na, es schwimmt«, meint Papa.

»Genau«, sagt Opa und setzt das Schiff hinein. Es schwimmt tatsächlich. Dann aber nimmt er es wieder heraus. Er knüllt es ganz fest zusam-

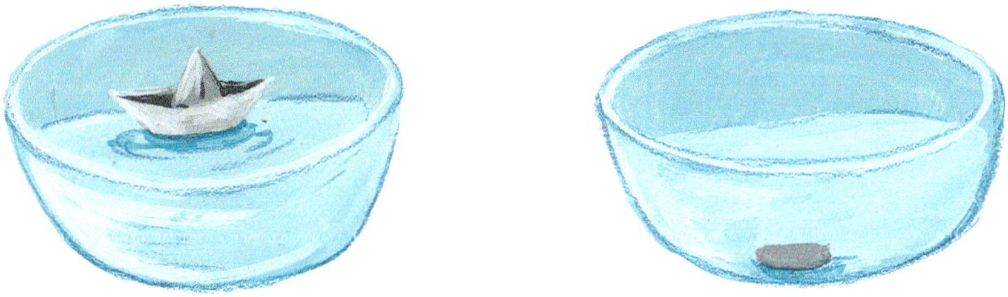

men, legt die Alukugel auf die Werkbank und haut ein paarmal so heftig mit einem Hammer drauf, dass Papa und Jim erschrocken zusammenzucken.

»Und jetzt aufgepasst!«, verkündet Opa und legt das Aluplättchen aufs Wasser.

»Es geht unter«, stellt Jim fest.

»Richtig«, sagt Opa. »Das Gewicht allein entscheidet also nicht, ob ein Körper schwimmt. Denkt mal dran, dass viele Schiffe aus Eisen bestehen. Sie wiegen Tausende von Tonnen und schwimmen trotzdem. Wichtig ist, dass das Aluschiffchen genauso wie andere Schiffe in seinem Inneren Luft umschließt. Was ja schon mal gut ist, da Luft viel leichter als Wasser ist. Entscheidend ist nun, dass diese Luft viel Platz einnimmt«, erklärt Opa. »Wenn man ein Schiff ins Wasser lässt, verdrängt es das Wasser um sich herum und schiebt es zur Seite. Weil das Schiff und die in seinem Inneren enthaltene Luft nun leichter sind als die verdrängte Wassermenge, schwimmt es oben. Genial, was?«

»Ja, schon«, meint Jim. »Aber funktioniert das auch mit Badewannen?« Und auch Papa sieht aus, als wäre er sich da nicht so sicher.

»Ach, ihr Angsthasen«, seufzt Opa. »Ist alles genau berechnet: Die Wanne wiegt 50 Kilo, ich 70 und Jim an die 20, oder?«

Jim hat keine Ahnung, wie viel er wiegt, aber Papa nickt.

»Okay, das macht dann 140«, fährt Opa fort. »In die Wanne gehen 200 Liter, also werden 200 Liter Wasser verdrängt, die wiederum 200 Kilo wiegen. Differenz aus 200 und 140 ist 60. Resultat: Wir sind 60 Kilo leichter als das verdrängte Wasser und saufen somit nicht ab. Alles klar?«

Strahlend sieht Opa sie an, doch dann merkt er, dass Jim und Papa gar nichts klar ist.

»Ich beweise es euch. Fass mal mit an«, brummt er und stupst Papa an. Zusammen wuchten sie unter Ächzen und Stöhnen die Anne-Marie auf den Holzsteg hinaus, der in den großen Gartenteich ragt. Gespannt hält Jim den Atem an, als sie die Anne-Marie neben dem Steg zu Wasser lassen. Tatsächlich, sie schwimmt!

»So, und jetzt passt auf, ihr Landratten«, sagt Opa. Vorsichtig kraxelt er vom Steg aus in die Anne-Marie, während Papa den Wannenrand festhält. Gleich darauf sitzt Opa auch schon richtig drin.

»So, und nun stoß mich ab«, sagt er zu Papa.

»Wirklich?«, fragt Papa.

»Ich bin hier der Käpt'n und dulde keine Meuterei«, ruft Opa und zwinkert Jim zu.

»Aye, aye, Käpt'n!«, sagt Papa und gibt der Wanne einen kräftigen Schubs.

»Ahoi«, ruft Opa und winkt ihnen mit beiden Armen begeistert zu, während er auf den Teich hinausgleitet – so begeistert, dass die Anne-Marie heftig zu wackeln beginnt. »Ahoi, ihr Landr…« Platsch!

Die Anne-Marie ist mitten auf dem Teich umgekippt. Erschrocken gucken Jim und Papa auf die Stelle, wo Opa im Wasser verschwunden ist. Doch gleich darauf taucht er zum Glück auch schon wieder auf und watet laut schimpfend durch das brusthohe Wasser zum Steg zurück.

»Was ist denn hier los?«, hören sie plötzlich Omas Stimme.

Papa und Jim drehen sich um. Vor ihnen stehen Oma und Mama und gucken fassungslos zu, wie Opa aus dem Wasser kommt.

»Käpt'n Opa ist gerade mit der Anne-Marie gesunken«, erklärt Jim, und dann müssen Opa, Papa und er auf einmal schrecklich lachen.

Wie kommen die Streifen in die Zahnpasta?

»Ja!«, sagt Julian und freut sich. Endlich ist die Zahnpastatube leer! Darauf hat er schon seit Tagen gewartet. Nicht, weil er sich jetzt die Zähne nicht mehr putzen muss. Denn Mama hat ganz sicher schon eine neue Tube gekauft. In solchen Dingen ist sie ziemlich perfekt. Nein, Julians Freude hat einen ganz anderen Grund: Nun kann er endlich der Frage nachgehen, wie die Streifen in die Zahnpasta kommen. Dazu braucht er nur die leere Tube auseinanderzunehmen. Und damit Mama nicht schimpft, hat er extra gewartet, bis die Tube leer ist. Mama achtet immer sehr darauf, dass nichts verschwendet wird. Wegen der Umwelt und so. Julian hat schon viele Sachen auseinandergebaut: alte Uhren und Radios, Autos von seiner Carrerabahn, die Reifen seines Fahrrads und, und, und. So kann man am

besten sehen, wie alles funktioniert. Auch wenn es manchmal ganz schön schwierig ist, die Sachen wieder zusammenzubauen. Und manchmal schafft Julian es auch nicht allein. Dann müssen Mama und Papa helfen. Aber danach hat man ganz sicher verstanden, wie es funktioniert!

Nur Mamas Wecker, den hätte er besser nicht auseinandergenommen. Der hat nämlich nach dem Zusammenbauen nicht mehr geklingelt, und die ganze Familie hat am nächsten Morgen verschlafen. Papa ist zu spät zur Arbeit gekommen, Julian zu spät zur Schule und Pia, Julians kleine Schwester, zu spät in den Kindergarten. Normalerweise wäre das ja nicht so schlimm, aber gerade an diesem Tag wollte der Kindergarten einen Ausflug in den Zoo machen. Pia hat Julian tagelang nur böse angeschaut und nicht mit ihm geredet. Das ist jetzt eine Woche her. Seitdem gilt die Regel: Erst fragen – dann anfangen. Auf keinen Fall andersherum! Und anfangen, ohne zu fragen, geht gar nicht!

Julian steht am Waschbecken und fragt sich, ob das auch für eine leere Zahnpastatube gilt?

Bestimmt nicht, denkt er. Schließlich ist eine leere Zahnpastatube nur Müll und zu nichts mehr zu gebrauchen.

Also greift er zur Schere und schneidet die verbeulte Tube am Ende auf. Genau in dem Moment kommt Pia ins Bad.

»Was machst du da?«, fragt sie neugierig.

»Ich gucke, wie die Streifen in die Zahnpasta kommen«, antwortet Julian.

Das findet auch Pia spannend und kommt näher ans Waschbecken. Aber alles, was sie sieht, sind Reste weißer Zahnpasta.

»Nanu, die Zahnpasta ist ja ganz weiß! Und wie kommen nun die Streifen hinein?«, fragt Pia ungeduldig.

»Moment, ich muss ja erst mal gucken. Noch sehe ich gar nichts. Ich glaube, ich muss die Tube ganz aufschneiden.« Julian schneidet sie der Länge nach auf und tastet sie mit den Fingern sorgfältig ab. »Hier, hier ist etwas Hartes«, sagt er plötzlich.

Mit großen Augen beobachtet Pia alles. Zum Vorschein kommen nun Reste roter Zahnpasta und ein kleines Röhrchen, das unter dem Deckel ein Stück in die Tube hineingeht. Julian spült die verschmierte Tube unter dem Wasserhahn ab.

»Zeig mal«, sagt Pia und greift nach der Tube. »Das Röhrchen hat in der Mitte eine große, runde Öffnung und an den Seiten so schmale Gänge.«

»Stimmt«, sagt Julian. »Und am Ende der Gänge sind kleine Löcher. Ich glaube, jetzt weiß ich, wie es funktioniert: Die Streifen entstehen erst, wenn man die Zahnpasta aus der Tube drückt.«

»Und wie geht das genau?«, fragt Pia.

»Na, durch die schmalen Gänge im Röhrchen. Guck mal: Im oberen Teil der Tube ist die Zahnpasta weiß. Die rote Zahnpasta ist nur im unteren Stück, in dem Stück unter dem Deckel. Die Löcher in den Gängen enden dort, wo rote Zahnpasta ist. Wenn man nun auf die Tube drückt, wird die weiße Zahnpasta durch die große Öffnung im Röhrchen herausgedrückt. Da der Druck sich in der Tube gleichmäßig verteilt, wird die farbige Zahnpasta zur selben Zeit durch die schmalen Gänge gedrückt. Beide Farben kommen zusammen aus der Tube heraus. Und fertig sind die Streifen!«

Jetzt hat auch Pia verstanden, wie die Streifen in die Zahnpasta kommen, und sagt: »Das ist ja cool. Du bist toll, Julian!«

»Und der Ausflug mit dem Kindergarten?«, fragt Julian vorsichtig.

»Nicht mehr schlimm. Mama hat mir nämlich versprochen, den Zoobesuch nachzuholen.«

»Au ja!«, ruft Julian. »Dann komme ich mit. Das wird bestimmt noch viel schöner als ein Ausflug mit dem Kindergarten. Ich werde dir auch alles erklären, was du wissen möchtest.«

Plötzlich kommt Mama ins Bad, sieht die aufgeschnittene Zahnpastatube und sagt: »Das ist ja ganz super, dass ihr die Tube aufschneidet, um Zahnpasta zu sparen. Ich sag's ja immer: Mit dem Umweltbewusstsein kann man gar nicht früh genug anfangen!«

Warum bekommen wir einen Schluckauf?

»Komm, iss noch ein bisschen, Luisa. Das Gulasch ist doch lecker, oder?«, fragt Thomas, während er sorgfältig seinen Teller mit dem Löffel auskratzt, um auch den letzten Fitzel zu erwischen.

Es ist Mittag, und die Sonnenblumengruppe lässt sich mit ihrem Erzieher Thomas gerade das Nudelgulasch schmecken, das er heute vor Arbeitsbeginn für sie gekocht hat.

»Doch, wirklich lecker«, versichert Luisa. »Aber ich bin schon ganz satt. Ich kann nicht mehr.«

»Echt nicht?«, fragt Thomas. Genüsslich schiebt er sich den letzten Löffel Gulasch in den Mund und sieht dann sehnsüchtig auf Luisas noch halb vollen Teller.

»Nee, ich bin pappsatt, ehrlich«, sagt Luisa. Dann merkt sie, wo Thomas hinguckt. »Aber du kannst gerne meins haben«, fügt sie hinzu und schiebt ihren Teller zu Thomas hinüber.

»Mensch, das ist aber nett. Danke«, strahlt Thomas. Begeistert schaufelt er sich Luisas Nudelgulasch auf seinen Teller.

Wenig später sind alle mit dem Essen fertig. Gemeinsam mit Thomas bringen sie erst das schmutzige Geschirr in die Küche und wischen dann den Tisch sauber, an dem sie gegessen haben.

»Puh«, meint Thomas, als alles erledigt ist und er noch schnell ein Glas mit eiskaltem Mineralwasser getrunken hat. »Jetzt könnte man doch gut ein Schläfchen vertragen. Was meint ihr?«

Hoffnungsvoll blickt Thomas zu der Ecke hinüber, wo die Bodenkissen der Sonnenblumengruppe verstaut sind. Aber natürlich hat niemand außer Thomas Lust, mitten am Tag zu schlafen.

»Also gut«, sagt Thomas. »Folgender Vorschlag: Ihr macht es euch auf den Kissen gemütlich, und ich lese euch was Neues von Wickie vor.«

Neue Abenteuer von Wickie und den starken Männern! Das ist viel besser als ein blöder Mittagsschlaf, und so rennen alle begeistert zu den Kissen.

Während Thomas das Wickie-Buch aus seinem Rucksack holt und sich mit einem müden Seufzer auf einen Stuhl vor dem großen Gartenfenster plumpsen lässt, breitet die Sonnenblumengruppe vor ihm im Halbkreis die Kissen aus und macht es sich darauf gemütlich. »Hrm-Hrm«, muss sich Thomas erst mal räuspern, aber dann fängt er an zu lesen.

»Wickie rannte, was seine Beine hergaben. Aber der Wolf, der ihn jagte,

hatte es mindestens genauso eilig wie er. Während der in Riesensprüngen über die Felsen hechtete, verlor Wickie jedes Mal … HICKS!«

Thomas schlägt sich überrascht die Hand vor den Mund, und einige fangen an zu kichern, weil er dabei so ein komisches Gesicht macht. »Mist, ein Schluckauf«, sagt Thomas. »Ich fang noch mal an.«

»Also: Wickie rannte, was seine Beine hergaben. Aber … HICKS!«

Wieder schlägt sich Thomas die Hand vor den Mund, und nun kichern schon ein paar mehr.

»Tut mir leid«, sagt Thomas. »Das ist bestimmt gleich … HICKS!« Jetzt kann sich niemand mehr halten, und alle glucksen vor sich hin.

»Du musst ganz lange die Luft anhalten«, sagt Luisa. »Dann geht der Schluckauf weg, hat meine Mama gesagt.«

»Gute Idee«, antwortet Thomas. Er holt tief Luft und hält den Atem an. Gespannt beobachten die Kinder, wie Thomas' Kopf immer röter und röter wird. Als die ersten fast schon Angst um ihn bekommen, lässt er mit lautem Schnaufen die Luft wieder raus. Einen Moment lang sitzt er nur still da und horcht in sich hinein. Dann fängt er an zu lächeln. »Ah, guter Tipp. Ich glaube, ich bin ihn … HICKS! … Mist!«, schimpft Thomas.

Nun kichert niemand mehr, denn alle überlegen, wie sie Thomas helfen können. Jedenfalls fast alle.

»Mein Vater kennt jemanden, der jemanden kennt, der seinen Schluckauf nie wieder losgeworden ist«, meldet sich Valentin.

»Danke für diese wertvolle Information, Valentin«, sagt Thomas und muss grinsen. »Aber … HICKS! … das hilft mir anscheinend auch nicht weiter.«

»Ich wollte dich nur erschrecken«, erklärt Valentin. »Meine Oma sagt, dass man so auch Schluckauf wegkriegen kann.«

»Wieso bekommt man eigentlich einen Schluckauf?«, fragt Murat.

»Hm, das passiert, wenn man … HICKS! … was Kaltes zu schnell trinkt oder auch zu viel und schnell isst.«

»Das Mineralwasser!«, ruft Valentin.

»Das Nudelgulasch!«, ruft Luisa.

»Tja, schon … HICKS! … möglich«, gibt Thomas zu.

»Aber was passiert genau bei einem Schluckauf?«, bohrt Murat nach.

»Tja, gute … HICKS! … Frage«, sagt Thomas. »Das hängt mit dem Zwerchfell zusammen, das ist ein Muskel in unserem … HICKS! …

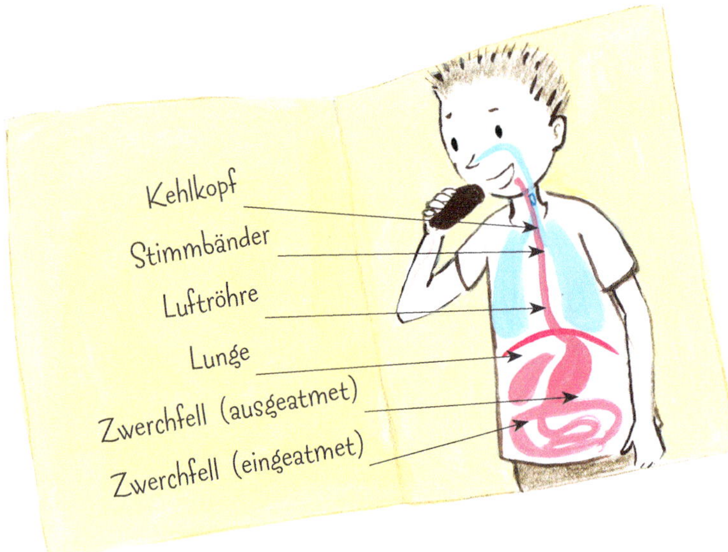

Bauch, der für die Atembewegung sorgt. Wartet, ich hol das Körperbuch. Da kann man alles sehen.«

Thomas geht zum Regal, zieht das Körperbuch heraus, schlägt eine bestimmte Seite auf und setzt sich wieder.

»Hier könnt ihr alles sehen«, sagt er und hält ihnen die Seite hin. »Da ist der Zwerchfellmuskel. Er trennt den Brustraum vom Bauchraum und ist mit Nerven verbunden. Die sagen ihm in regelmäßigen Abständen, wann er sich zum Einatmen zusammenziehen soll. Wenn man aber zum Beispiel etwas zu Kaltes getrunken hat, kann es passieren, dass diese Nerven verwirrt sind und den Befehl zum Zusammenziehen viel zu schnell geben. Das Zwerchfell zieht sich dann mit einem Ruck zusammen. Dadurch wird urplötzlich Luft durch die Luftröhre in die Lungenflügel hier gesogen. Und weil das jetzt so ruckartig passiert, werden die sonst lockeren Stimmbänder im Hals kräftig zusammengezogen. Ergebnis: Die Luft prallt erst mal mit einem lauten HICKS! gegen die geschlossene Stimmritze.«

»Ganz schön blöde Erfindung, so ein Schluckauf«, findet Emily.

»Für uns schon«, meint Thomas. »Aber für die Babys im Bauch der Mutter ist er total wichtig. Er verhindert nämlich, dass es Fruchtwasser einatmet und ...«

Thomas hat aufgehört zu reden, weil alle angefangen haben zu grinsen.

»Was grinst ihr denn so?«, fragt er.

»Er ist weg!«, ruft Luisa.

»Weg?«, fragt Thomas verblüfft. »Wer denn?«

»Na, der Schluckauf!«, erklärt Murat. »Ich kenn nämlich noch eine andere Methode, um ihn wegzubekommen. Man muss sich einfach ablenken, und das habe ich mit meiner Schluckauffrage auch geschafft.«

»Donnerwetter«, staunt Thomas und muss lachen. »Den Schluckauf mit Schluckauf vertreiben. Ganz schön clever, danke!«

Dann fängt Thomas noch einmal von vorne an vorzulesen, und alle lauschen gespannt, wie Wickie vor dem Wolf davonläuft – diesmal ganz ohne Unterbrechungen und ohne HICKser.

Ist das Faultier wirklich faul?

Finja ist schrecklich aufgeregt. Heute besucht sie ihren großen Bruder Lasse im Tierpark. Lasse macht dort nämlich ein Praktikum. Das dauert drei Wochen. Im Tierpark hat Lasse schon die tollsten Geschichten erlebt. Im Moment ist er bei den Faultieren.

Da es in der Heimat der Faultiere immer schön warm ist, sind sie im Tropenhaus, genauer gesagt, im Südamerikagehege untergebracht. Finja ist schon sehr gespannt, wie es dort aussieht. Obwohl es noch früh am Morgen ist und der Zoo noch gar nicht geöffnet hat, sind hier schon viele Menschen bei der Arbeit. Bevor die Besucher kommen, werden die Gehege gereinigt und die Tiere gefüttert.

Als Finja und Mama am Tropenhaus ankommen, steht ein Mann in Arbeitskleidung vor dem Eingang.

»Das ist bestimmt Willi!«, ruft Finja aufgeregt. »Lasse hat mir schon von ihm erzählt.«

»Hallo, ich bin Willi, der Tierpfleger. Und wer bist du?«, fragt er.

Da weiß Mama, dass Finja in guten Händen ist, und winkt ihr zum Abschied zu.

»Ich bin Finja«, antwortet Finja und hält Ausschau nach Lasse.

»Ah, Lasses kleine Schwester! Dein Bruder ist im Moment nicht da«, sagt Willi. »Wir sind nämlich gerade mit dem Saubermachen fertig geworden, und nun entsorgt er unseren Biomüll.« Beim Wort Biomüll grinst Willi von einem Ohr zum anderen. »Du kannst ja solange mit mir in die Futterküche kommen. Morgens haben die Tiere immer besonders großen Hunger.«

»Oh ja!«, ruft Finja begeistert.

Auf dem Weg zur Futterküche sieht Finja sich um. Überall stehen Palmen, Gräser und andere exotische Pflanzen, und darüber befinden sich dichtes Geäst und jede Menge dicke Taue, an denen einige Faultiere hängen.

»Hängen die Faultiere immer an den Ästen, oder kommen sie auch manchmal herunter?«, fragt Finja etwas ängstlich.

»Du brauchst keine Angst zu haben«, versucht Willi Finja zu beruhigen. »Faultiere verbringen fast ihr ganzes Leben hoch oben in den Baumkronen, und sie sind für Menschen nicht gefährlich. Sie hängen am liebsten mit dem Rücken nach unten an Ästen. Sogar der Haarstrich ihres langen Fells verläuft vom Bauch zum Rücken. Also genau andersherum als bei allen anderen Tieren. So kann der Regen besser ablaufen.«

»Stimmt.« Finja staunt. »Das sieht ja lustig aus! Sie haben den Scheitel mitten auf dem Bauch!«

»Das Fell der Faultiere besteht aus zwei Schichten«, erklärt Willi weiter. »Die untere Fellschicht ist kurz und sehr dicht, die obere besteht aus langen, strohigen Haaren mit ungewöhnlichen Längsrillen. In diesen Rillen siedeln sich in ihrem natürlichen Lebensraum Algen an, die ihr Fell grünlich schimmern lassen. Zwischen den grünen Blättern ist das eine ganz tolle Tarnung. So können Raubvögel, wie die großen, südamerikanischen Adler, die Faultiere nicht so leicht sehen. Ja, und wenn du dir ihre Hände und Füße anschaust, dann siehst du, dass sie jeweils drei riesige Klauen an den Fingern und an den Zehen haben. Damit halten sie sich wie mit Haken an den Ästen fest.«

»Die sind ja gruselig lang!«, stellt Finja fest.

»Weil Faultiere drei sichelförmige Krallen an jeder Hand und an jedem Fuß haben, nennt man sie Dreifingerfaultiere«, sagt Willi. »Es gibt auch Zweifingerfaultiere. Aber die haben wir hier nicht.«

»Und wann kommen die Faultiere herunter?«, fragt Finja noch einmal.

»Nur wenn es unbedingt sein muss. Um den Baum zu wechseln oder um ihr Geschäft zu erledigen. Wenn sie unten sind, sind Faultiere nämlich ziemlich unbeholfen.«

»Ihr Geschäft?«, fragt Finja.

»Na ja, du weißt schon. Zur Toilette gehen«, sagt Willi.

»Ach so! Dann kommen sie also doch manchmal herunter!«, stellt Finja erschrocken fest.

»Ja, aber nur ungefähr alle acht Tage.«

»Was? So selten?«, fragt Finja erstaunt.

»Bei Faultieren geht alles sehr langsam, sogar die Verdauung.«

»Na, dann machen sie mir wenigstens nicht auf den Kopf!« Finja sieht beruhigt nach oben. »Und wie langsam sie sich bewegen. Wie in Zeitlupe. Ist das immer so?«

Willi nickt. »Obwohl Faultiere Säugetiere sind, verändert sich ihre Körpertemperatur, wenn sie schlafen. Das gibt es sonst eigentlich nur bei Reptilien. Die Körpertemperatur kann bei Faultieren im Schlaf bis auf vierundzwanzig Grad Celsius absinken, sonst beträgt sie dreiunddreißig bis vierunddreißig Grad. Deshalb nutzen Faultiere – wie Echsen – tagsüber ein Sonnenbad zur Temperaturregulierung. Es gibt zwar auch noch andere Säugetiere, die ihre Körpertemperatur senken, aber nur im Winterschlaf, wie zum Beispiel Igel, Bären oder Siebenschläfer.«

»Heißen Faultiere Faultiere, weil sie immer faul in der Sonne rumhängen?«, fragt Finja.

»Das kann gut sein. Als man Faultiere in den tropischen Regenwäldern von Mittelamerika entdeckt hat, hat man bestimmt nicht gewusst, dass die Tiere die Sonne zur Temperaturregulierung brauchen. Und da hat man wahrscheinlich gedacht, dass sie einfach nur faul seien. Und schwups, hatten sie auch schon ihren Namen: Faultiere! Dabei ist ›faul sein‹ eine eindeutig menschliche Wertung. Die Tiere haben durch das ›Herumhängen‹ einfach eine super Überlebensstrategie entwickelt«, erklärt Willi.

»Was fressen Faultiere denn so?«, möchte Finja wissen.

»Dreifingerfaultiere sind sehr bescheiden. Sie ernähren sich fast ausschließlich von Laub«, antwortet Willi.

»Echte Minis eben!«, sagt Lasse, während er ins Tropenhaus kommt.

»Lasse!«, ruft Finja und läuft ihrem Bruder entgegen. »Da bist du ja endlich!«

»Ich musste nur schnell ein paar Häufchen entsorgen«, sagt Lasse und stellt einen übel riechenden Eimer ab.

Finja rümpft die Nase und geht ein Stück zurück. »Wieso Minis? So klein sind Faultiere nun auch wieder nicht. Mit ihren langen Armen und Beinen sind sie bestimmt so groß wie ein Schäferhund.«

»Mit Minis meine ich ja auch nicht ihre Größe, sondern ihr Verhalten. Und darin sind sie echte Minimalisten.«

»Was ist denn das?«, fragt Finja neugierig.

»Lebewesen, die geringe Ansprüche haben und diese mit möglichst wenig Aufwand erfüllen. Sie schlafen und essen viel und dösen die meiste Zeit. Ich finde das richtig cool.«

»Ja, das ist echt cool!«, findet auch Finja.

Lasse nickt. »Faultiere führen mit möglichst wenig Energie ein bequemes Leben. Im Zoo werden sie immerhin über dreißig Jahre alt und schlafen ungefähr sechzehn Stunden am Tag.«

»Ja, aber nur im Zoo«, sagt Willi. »In den Regenwäldern in Mittelamerika schlafen sie nur ungefähr acht bis neun Stunden täglich. So, jetzt muss ich aber ganz schnell in die Futterküche.«

Das will Finja sich auf keinen Fall entgehen lassen.

»Kommst du?«, fragt sie mit Blick auf Lasse.

Kaum sind die drei unterwegs, huscht ein Lächeln über Finjas Gesicht. »Jetzt weiß ich, was ich werden will, wenn ich groß bin!«

»Tierpfleger?«, fragt Willi.

Finja schüttelt den Kopf.

»Biologin?«, fragt Lasse.

Wieder schüttelt Finja den Kopf. »Ein Mini natürlich! Aber einer mit Sonnenbrille und Hängematte!«

Wie entstehen Blitz und Donner?

»Hallo, hallo, jetzt sind wir alle da! Wir gehören zusammen, und das ist wunderbar!«

Das Begrüßungslied der Wichtelgruppe ist zu Ende. Alle klatschen begeistert in die Hände und freuen sich auf einen herrlichen Sommertag im Waldkindergarten.

»Lasst uns überlegen, was wir heute machen wollen«, sagt Kaja, ihre Erzieherin. »Sonst ist die Zeit im Nu herum.«

Nach einigem Hin-und-her-Überlegen wird schließlich abgestimmt. Die Mehrheit ist dafür, den lang geplanten Unterschlupf an der Rehlichtung zu bauen. Die heißt bei der Wichtelgruppe so, weil sich dort morgens und abends immer die Rehe zum Grasfressen treffen.

Nachdem alle ihre Rucksäcke mit Trinkflaschen und Butterbroten aus ihrem Bauwagen geholt haben, geht es los. Auf dem Weg durch den Wald erzählen Kaja und Anja, die auch Erzieherin ist, was sie alles für die Hütte brauchen, und eine Weile sind alle eifrig damit beschäftigt, Zweige und Äste zu sammeln. Linus findet sogar einen ganz besonders starken und geraden Ast, den man später super als Dachstange nehmen kann. Das heißt, eigentlich findet der Ast Linus, weil er im dichten Farn versteckt liegt und Linus darüber gestolpert ist.

Dann sehen sie endlich das saftige Grün der Rehlichtung durch die Bäume schimmern. Mit den Ästen und Zweigen in der Hand rennen sie auf die Lichtung zu. Doch am Waldrand bleiben plötzlich alle wie angewurzelt stehen.

Mit offenem Mund starren sie auf die Buche, die mitten auf der Lichtung steht.

»Ach, du meine Güte«, hören sie Anja hinter sich.

»Oh nein«, stöhnt Kaja.

Dort, wo vor Kurzem ein schöner Baum gestanden hat, ist jetzt nur noch ein trauriger verkohlter Stamm zu sehen.

»Der arme Baum!«, ruft Sarah wütend. »Wer macht bloß so was Gemeines?«

»Die Frage ist nicht, wer, sondern was«, erklärt Kaja. »Wie's aussieht, ist irgendwann in den letzten Tagen ein Blitz in die Buche eingeschlagen.«

Während der Frühstückspause gucken sie immer wieder zu dem Baum rüber und staunen, was ein Blitz alles anrichten kann. Doch dann hat die Wichtelgruppe mit dem Unterschlupf so viel zu tun, dass in der immer drückender werdenden Hitze alle so richtig ins Schwitzen geraten und Blitz und Baum vergessen sind. Jedenfalls so lange, bis plötzlich ein dumpfes Grollen zu hören ist. Überrascht blicken alle nach oben. Am eben noch strahlend blauen Himmel sind wie aus dem Nichts dunkle Wolken aufgetaucht.

»Mist, ein Gewitter!«, ruft Anja. »Lasst uns zurücklaufen, bevor es losgeht.«

So schnell sie können, machen sie sich auf den Rückweg. Gerade noch rechtzeitig, denn als sie in ihren Bauwagen flüchten, fängt es draußen an zu regnen, zu blitzen und zu donnern, als würde die Welt untergehen.

»Kann uns der Blitz hier finden?«, fragt Ronja, als alle bei Kerzenschein im Trockenen sitzen. Plötzlich müssen sie an die verkohlte Buche denken.

»Keine Bange«, tröstet Anja sie. »Der Wagen hat einen Blitzableiter. Da kann der Blitz gar nichts machen.«

»Wie entsteht so ein blöder Blitz überhaupt?«, will Linus wissen.

»Hm«, sagt Kaja und guckt erst mal Anja an. Aber die zuckt nur ratlos die Schultern. Nachdenklich runzelt Kaja die Stirn. Doch dann fällt ihr etwas ein. »Das hat was mit Elektrizität zu tun, die sich in den Gewitterwolken bildet. Ein Blitz entsteht dadurch, dass sich Sachen aneinander reiben«, beginnt sie. »Dabei können elektrische Ladungen, also Funken, entstehen. Vielleicht habt ihr ja schon mal erlebt, wie sich jemand im Dunkeln einen Pulli über den Kopf zieht und es dann manchmal knistert und Funken zu sehen sind. Das passiert, wenn der Stoff vom Pulli über die Haare reibt.«

»Blitze entstehen, weil sich im Himmel jemand einen Pulli über den Kopf zieht?«, fragt Sarah und guckt Kaja an, als hätte sie gerade verraten, dass dieses Jahr statt Weihnachten Ostern gefeiert wird, weil Osterhase und Weihnachtsmann getauscht haben.

»Nein, das natürlich nicht«, sagt Kaja und lächelt. »In dem Fall sind es Wassertropfen sowie Eis- und Luftteilchen, die sich aneinander reiben. Wenn im Sommer die Sonnenstrahlen die feuchte und warme Luft hier am Boden erhitzen, steigt sie nach oben in kältere Luftschichten auf.

Warme Luft steigt nach oben

Dabei kühlt sich die warme, feuchte Luft ab, und es bilden sich zahlreiche kleine Wassertröpfchen und noch weiter oben sogar Eiskristalle. Die ballen sich dann zu Gewitterwolken zusammen und …«

»Wolken bestehen aus Wassertropfen?«, unterbricht Ronja sie erstaunt.

»Ganz genau«, sagt Kaja. »Und durch die aufsteigende Luft herrschen in so einer Wolke ganz starke Winde. Die reiben die Wasser-, Eis- und Luftteilchen so heftig aneinander, dass riesige elektrische Ladungen entstehen, die sich am Ende als Monsterfunken entladen. Das sind dann die Blitze und …«

Kra-bum!

Draußen ertönt ein so heftiger Donner, dass alle erschrocken zusammenzucken.

»Ähm, ach ja«, räuspert sich Kaja und fährt dann fort. »Und mit dem Blitz entsteht gleichzeitig auch der Donner. So ein Blitz kann die Luft bis auf 30.000 Grad Celsius erhitzen. Durch die Hitze dehnt sich die Luft rasend schnell aus. So schnell, dass sie sogar schneller werden kann als der Schall und dann ähnlich wie ein Düsenjäger mit lautem Knall die Schallmauer durchbricht. Das ist der Donner, und weil Licht schneller als der Schall ist, sehen wir zuerst den Blitz und hören dann erst den Donner.«

Wie zur Bestätigung ist draußen noch einmal ein krachendes Kra-bum zu hören. Doch wenig später brechen die ersten Sonnenstrahlen schon wieder durch die Wolken. Das Gewitter ist vorbei. Der Unterschlupf an der Rehlichtung muss leider bis morgen warten. Denn es ist schon spät, und jeden Moment werden die Ersten abgeholt.

Aber das macht fast gar nichts. Denn schon jetzt freuen sich alle auf die komischen Gesichter, die Mama und Papa machen werden, wenn sie gefragt werden, was ein Gewitter eigentlich mit einem Pulli zu tun hat.

Warum spucken Vulkane Feuer?

»Ganz schön hoch!«, ruft Elias aufgeregt und drückt seine Nase ganz fest gegen die Fensterscheibe der Seilbahnkabine.

Höher und höher geht es den Berg hinauf. Aber dieser Berg ist kein gewöhnlicher Berg. Nein, der Pico del Teide ist ein riesiger Vulkan! Seit Elias, Mama, Papa und Mia auf Teneriffa Urlaub machen, hat er auf diesen Tag gewartet. Natürlich haben das Kamelreiten und der Besuch im Lore Park, einem riesigen Zoo, auch Spaß gemacht. Aber für einen Vulkanexperten, wie Elias einer ist, ist dieser Ausflug im wahrsten Sinne des Wortes das Allergrößte!

»Der Pico del Teide ist sagenhafte 3.718 m hoch! Somit ist er Spaniens höchster Berg und der drittgrößte Inselvulkan der Erde«, liest Mama aus dem Reiseführer vor.

»Fast so hoch wie der Fudschijama in Japan. Der ist 3.776 m hoch!«, fügt Elias hinzu.

»Wann sind wir denn endlich da?«, fragt Elias' kleine Schwester Mia ungeduldig.

»Es dauert nicht mehr lange«, sagt Mama und nimmt Mia auf den Schoß. »Sieh mal, wie die Menschen und Autos da unten immer kleiner werden.«

Mia staunt und sagt: »Wie Playmobilmännchen ...«

»Und Matchboxautos«, ruft Elias dazwischen.

So langsam sammeln sich die ersten Passagiere vor der großen Glastür. Elias' Aufmerksamkeit verlagert sich schlagartig auf die größer werdende Menschentraube. Aufgeregt rutscht er auf seinem Platz hin und her. Als die Seilbahn endlich anhält, bahnt er sich flink einen Weg durch die Wartenden und läuft gleich vorneweg nach draußen.

»Elias, warte!«, ruft Mama erschrocken.

Aber Elias hört nicht. Er hat nur den riesigen Kraterrand im Kopf. Papa drängelt sich durch die Menschentraube und rennt Elias hinterher. Als er ihn eingeholt hat, nimmt Papa Elias an die Hand und sagt: »Nicht so schnell, junger Mann!«

Im normalen Schritttempo folgen die beiden nun einem gepflasterten Wanderweg. Wenig später erreichen sie einen Aussichtspunkt. Elias sieht sich um: »Und wo geht's zum Gipfel?«

»Ich fürchte, höher geht's nicht hinauf«, antwortet Papa. »Wir sind jetzt circa einhundertfünfzig Meter unterhalb des Gipfels. Wahrscheinlich ist es zu gefährlich, noch weiter hochzugehen.«

»Manno! Darauf habe ich mich so gefreut!«, sagt Elias enttäuscht. So gern hätte er am Kraterrand gestanden und dem riesigen Vulkan in den dunklen, tiefen Schlund gesehen. Wie lange hat er davon schon geträumt!

Und jetzt – Pusteblume!

Papa will Elias trösten und sagt: »Sieh mal, von hier aus kann man ganz toll einige Nachbarinseln sehen! Das müsste La Gomera sein und etwas weiter hinten El Hierro und La Palma. Und alle sind vulkanischen Ursprungs. Auch die Inseln Lanzarote, Gran Canaria und Fuerteventura, die man von hier aus nicht sehen kann.«

In diesem Moment kommen auch Mama und Mia am Aussichtspunkt an. »Was für eine wundervolle Aussicht!«, schwärmt Mama. »Kein Wölkchen am Himmel.«

»Und wo ist das Feuer?«, fragt Mia erwartungsvoll.

Elias verdreht die Augen. »Der letzte Vulkanausbruch ist natürlich schon lange her. Sonst könnten wir ja nicht hier sein.«

Mama kramt in ihrem Rucksack, holt den Reiseführer hervor, blättert kurz darin und sagt: »Um genau zu sein, war der am 18. November 1909. Also vor mehr als hundert Jahren. Da können wir also ganz beruhigt sein!«

»Außerdem werden Vulkane überwacht«, sagt Papa. »Ein Vulkan bricht nämlich nicht einfach so aus. Zuvor gibt es immer Anzeichen. Sobald es in der Erde anfängt zu brummeln, zeichnen die Seismometer schon die leichtesten Vorbeben auf. Ist das Beben bedrohlich, wird gleich Alarm ausgelöst.«

»Und wieso spucken Vulkane Feuer?«, fragt Mia.

Sofort ist Elias in seinem Element, und es sprudelt nur so aus ihm heraus: »Unsere Erde ist von innen ganz heiß. Je tiefer man kommt, desto heißer wird es. In der Mitte, also im inneren Erdkern, ist es fünftausend Grad heiß!«

»So heiß wie Omas Ofen?«, fragt Mia, die sich einmal ganz doll daran verbrannt hat.

»Noch viel heißer! Im inneren Erdkern ist es so heiß wie auf der Sonnenoberfläche!«, sagt Elias.

Noch heißer als Omas Ofen, das kann Mia sich nicht vorstellen. Aber Elias ist nicht zu stoppen, und er erklärt weiter: »Um den Erdkern herum befindet sich der Erdmantel. Da ist es nicht mehr ganz so heiß. «

»Ja, aber warum hat denn der Kern noch einen Mantel an, wenn er doch sowieso schon so heiß ist?«, fragt Mia erstaunt.

»Das nennt man doch nur so«, sagt Elias.

»Das ist natürlich kein Mantel, wie wir ihn im Winter anziehen«, erklärt Papa. »Ein Mantel ist etwas, was einen Gegenstand umgibt.«

»Meine Männer!«, sagt Mama lachend und holt einen Pfirsich aus dem Rucksack. Nun sind alle gespannt, was passiert. Mama beißt tief in den Pfirsich, bis an den Kern heran, dreht die Bissstelle gut sichtbar zu Mia und sagt: »So sieht es auch in unserer Erde aus. In der Mitte ist der Kern, und drum herum befindet sich ganz viel Fruchtfleisch. Das meinen Papa und Elias mit Mantel.«

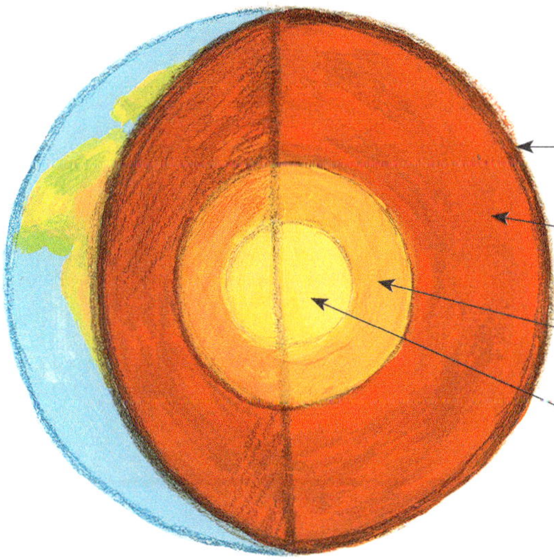

»Ja, genau!«, ruft Elias. »Das Fruchtfleisch ist in der Erde der Erdmantel. Dort ist es immer noch so heiß, dass Steine schmelzen, dreitausendfünfhundert Grad! Das nennt man Magma.«

»Ganz oben ist eine hauchdünne Schale, die Erdkruste«, sagt Mama und zeigt auf die dünne Pfirsichhaut. »Die Erdkruste ist natürlich nicht ganz so dünn wie die Pfirsichhaut, aber im Vergleich zum Erdmantel ist sie schon sehr dünn.«

»Das sieht nur so aus, weil die Erde so groß ist«, sagt Elias. »Allein der innere Kern ist so groß wie der Mond. Kein Wunder, dass es bisher noch keine Bohrung geschafft hat, die Erdkruste zu durchstoßen. Außerdem ist die Erdkruste unter dem Meer dünner als unter dem Land. Deshalb befinden sich die meisten Vulkane im Meer.«

Mama und Papa staunen nicht schlecht, was Elias alles weiß.

»Und wieso spucken Vulkane Feuer?«, fragt Mia zum zweiten Mal.

»Weil die Erdkruste manchmal kleine Risse hat, wo sich das Magma durchschlängelt. Kommt es bis oben, schießt eine Mischung aus Feuer, Rauch, flüssigem Gestein und Gesteinsbrocken mit großem Druck aus der Erde.«

Und Papa fügt hinzu: »Sobald das Magma an die Oberfläche kommt, heißt es aber nicht mehr Magma, sondern Lava. Die erkaltende Lava fließt an den Hängen des Vulkans herab, kühlt ab, wird hart und hinterlässt einen kegelförmigen Berg. Wie hoch ein Vulkan letztendlich wird, hängt vom Druck in der Erde ab. Und der war hier ganz besonders hoch, sonst wäre der Pico del Teide nicht so ein hoher Berg.«

»Dann war hier überall Feuer?« Mia staunt.

Elias nickt und sagt: »Ja, Vulkane sind ganz schön gefährlich.«

»Und du ganz schön schlau!«, sagt Mama stolz, und Papa fügt ebenso stolz hinzu: »Du solltest Vulkanologe werden.«

»Das ist eine tolle Idee!«, ruft Elias. »Dann kann ich allen Vulkanen dieser Erde in den tiefen, dunklen Schlund schauen und werde auch noch berühmt.«

Warum haben Kamele einen Höcker?

»Wusstet ihr, dass es in Saudi-Arabien richtige Kamelrennen gibt? Dass die da sogar im Fernsehen gezeigt werden? Dass Rennkamele manchmal mehr als eine Million Euro kosten? Und dass ...«

»Halt! Stopp! Du vergisst ja glatt, Luft zu holen, Hannes!«, ruft Papa und lacht, als sie zusammen mit Mama beim Abendbrot sitzen. »Woher weißt du das denn alles?«

»Er war heute Nachmittag bei Chalid«, erklärt Mama. »Sein Vater ist ein großer Fan von Kamelrennen. Er hat mit den beiden ein Rennen im Fernsehen angeguckt.«

»Kamelrennen? Im Fernsehen?«, fragt Papa.

»Mensch, Papa. Doch nicht bei uns! In Saudi-Arabien! Chalids Eltern haben doch Satellitenfernsehen. Damit können sie arabische Programme gucken«, erklärt Hannes.

Chalid ist einer von Hannes' besten Freunden und geht zusammen mit ihm in den Kindergarten. Seine Familie ist vor zwei Jahren nach Deutschland gezogen.

»Ach so«, sagt Papa. »Verstehe! Aber sind Kamele denn eigentlich so schnell?«

»Und ob«, antwortet Hannes. »Du hättest mal sehen sollen, wie die durch die Wüste geflitzt sind. Die großen Autos, die daneben hergefahren sind, mussten ganz schön schnell fahren, und …«

»Autos? Jetzt veräppelst du uns doch, oder?«, unterbricht Mama ihn, und auch Papa sieht so aus, als würde er Hannes kein Wort glauben.

»Nein, echt wahr«, sagt Hannes. »Die Rennen finden meist mitten in der Wüste statt. Sie sind viele Kilometer lang. Und um alles aus der Nähe mitzubekommen, fahren die Zuschauer mit ihren Autos einfach nebenher. Krass, was?«

»Äh, ja, das kann man wohl sagen«, muss Papa zugeben, der sich ebenso wie Mama ein Grinsen nicht verkneifen kann.

»Aber weißt du, was noch krasser ist?«, fragt Mama da plötzlich.

»Nee-heeee«, sagt Hannes langsam.

»Dass es auch hier Kamelrennen gibt!«

Hannes ist so überrascht, dass er erst einmal gar nichts sagt. Genauso wie Papa. »Echt?«, sagt Hannes endlich.

»Ja, echt«, antwortet Mama. »Hier im Sportpark beginnt am nächsten Wochenende eine orientalische Festwoche. Da gibt es Vorführungen mit Feuerschluckern, arabisches Essen und sogar richtige Kamelrennen. Das wär' doch die Gelegenheit, uns das mal anzugucken. Was meint ihr?«

»Super Idee«, ruft Hannes, und auch Papa ist schon richtig gespannt.

Eine Woche später ist es so weit. Kurz vor Rennbeginn gucken sich

Hannes, Mama und Papa zusammen mit vielen anderen Zuschauern die Kamele an. Die Tiere sind noch an Pflöcken auf einer Wiese angebunden und warten geduldig im strahlenden Sonnenschein neben ihren Reitern und Betreuern, die aufmunternd und liebevoll auf sie einreden.

»Ist das riesig«, staunt Hannes, als sie dann vor dem ersten Kamel stehen.

»Aha, es trägt die Nummer eins«, sagt Papa und zeigt auf die Satteldecke, auf der eine große Eins zu sehen ist. Dann guckt er in das Programmheft, das er gekauft hat. »Das Kamel heißt Suleika und …« Papa hört auf einmal auf zu reden und starrt ins Programmheft.

»Was hast du denn?«, fragt Mama gespannt.

»Das ist ja irre. Da steht, dass alle Rennkamele von einer Kamelfarm hier in Deutschland kommen. Ich wusste gar nicht, dass es so was hier gibt. Genau genommen sind es übrigens Dromedare, weil sie nur einen Höcker haben. Kamele mit zwei Höckern nennt man Trampeltiere.«

Da fällt Hannes eine Frage ein, die er eigentlich schon Chalids Vater stellen wollte. »Warum haben Kamele überhaupt einen Höcker?«

Verdutzt gucken Mama und Papa sich an.

»Vielleicht speichern sie Wasser da drin«, überlegt Mama laut. »Ich hab mal gehört, dass sie ewig lange ohne was zu trinken in der Wüste überleben können.«

»Stimmt«, hören sie plötzlich eine Stimme hinter sich. »Aber in den Höckern ist kein Wasser, sondern Fett.«

Erstaunt drehen sie sich um. Vor ihnen steht ein Mann, der eine Weste mit vielen kleinen Taschen anhat und eine große Ledertasche in der Hand trägt.

»Kennen Sie sich wirklich mit Kamelen aus?«, fragt Hannes misstrauisch.

»Hm, ja. Kann man sagen«, antwortet der Mann und lächelt. »Ich bin Tierarzt und passe auf, dass es den Rennkamelen hier gut geht. Vor einer Reise durch die Wüste, wo es weder Futter noch Wasser gibt, fressen sich Kamele erst einmal richtig satt. Dabei füllen sich ihre Höcker mit Fett. Das Fett ist eine Kraftreserve, mit der sie über vier Wochen lang ohne etwas zu fressen auskommen. Wenn sich das Fett abbaut, wird übrigens auch Wasser im Körper freigesetzt. Außerdem schwitzen Kamele extrem wenig. Dadurch kommen sie über zwei Wochen ohne einen Tropfen Wasser aus. Aber wenn sie dann endlich wieder Wasser bekommen, können sie in zehn Minuten über hundert Liter trinken. Also so viel, wie in hundert Milchtüten reinpasst. Das speichern sie in ihren drei Vormägen und in ihren roten Blutkörperchen, die sich auf das 200-Fache ausdehnen, ohne zu platzen.«

»Hundert Milchtüten«, staunt Hannes. Und dann fällt ihm plötzlich noch was ein. Papa hat ihm doch einen Euro gegeben, um auf ein Kamel

zu wetten. Wenn das Kamel gewinnt, das er sich ausgesucht hat, kriegt er den Euro mit noch viel mehr Geld zurück. Hannes holt den Euro aus seiner Hosentasche und starrt auf die Münze. »Wissen Sie, welches Kamel am schnellsten ist?«, fragt er schließlich.

Grinsend sieht der Tierarzt auf Hannes' Euro. »Also, Suleika hier hat dieses Jahr die meisten Rennen gewonnen. Aber ich habe das Gefühl, dass sie heute irgendwie keine Lust hat. Kamele können ziemlich eigenwillig und störrisch sein, weißt du. Ich würde lieber auf Leila oder Soraya dahinten setzen. So, nun muss ich aber weiter. Viel Spaß beim Rennen.«

»Also, ich setz auf Suleika«, brummt Papa. »Keine Lust, pah. Als wenn man das einem Kamel ansehen könnte.«

Wenig später ist das Rennen in vollem Gange. Als Suleika dann als Erste auf das Ziel zugaloppiert, fängt Papa laut an zu jubeln. »Sie gewinnt. Seht ihr. Sie …«

Plötzlich zeigt Papa bloß mit offenem Mund auf die Rennbahn. Dort ist Suleika kurz vor der Ziellinie einfach stehen geblieben und weigert sich, auch nur noch einen Schritt zu machen. Gleich darauf stürmt auch schon Hannes' Kamel, Leila, durchs Ziel, gefolgt von Soraya, auf die Mama gewettet hat.

»Gewonnen!«, schreit Hannes und hüpft aufgeregt auf der Stelle. Dann gehen sie zusammen zum Wettbüro, um Hannes' Gewinn abzuholen. Als Hannes die Münzen in der Hand hält, kann er sein Glück kaum fassen. Aber er muss nicht lange überlegen, was er damit macht. So viel Geld schreit nach Eis für alle!

Wenig später sitzen sie dann in Hannes' Lieblingseisdiele vor riesigen Eispokalen, und auch Papa ist wieder glücklich und zufrieden.

Warum haben Omas und Opas weiße Haare?

»Aber nur ein Stückchen«, sagt Lea. Dabei hält sie Daumen und Zeigefinger gerade mal so weit auseinander, dass ein Gummibärchen dazwischenpassen würde.

Lea ist nämlich beim Friseur. Übrigens zum allerersten Mal in ihrem Leben. Sonst schneidet Mama ihr die Haare. Aber heute ist ein besonderer Tag. Heute hat Oma Geburtstag. Fünfundsechzig Jahre wird sie alt. Nun ist sie genau sechzig Jahre älter als Lea. Das muss gefeiert werden! Am Abend werden ganz viele Leute kommen, um Oma zu gratulieren. Da will Oma natürlich schön aussehen. Deshalb sitzt sie auch gleich neben Lea. Und wie sich das für ein Geburtstagskind gehört, ist Oma zuerst frisiert worden. Das hat ganz schön lange gedauert. Doch nun sieht Oma wunderschön aus. Ihr seidiges, fast weißes Haar reicht bis auf die Schultern, wo es schwungvoll nach außen fällt. Oma ist zufrieden und Frau Krause, die Friseurin, über sämtliche Geburtstagsgäste informiert.

Zum Glück werden bei Lea nur die Spitzen geschnitten. Frau Krause pumpt mit ihrem Fuß Leas Stuhl so weit nach oben,

dass sie bequem schneiden kann. Lea staunt. So einen Stuhl könnte sie auch gut zu Hause für den Esstisch gebrauchen!

»Und du bist das Enkelchen, stimmt's?«, fragt Frau Krause und legt Lea einen Friseurumhang um. »Ich habe ja schon so viel von dir gehört.«

Und gerade als Lea antworten will, nimmt eine weitere Kundin neben ihr Platz. Nun sitzt Lea zwischen Oma und einer Frau mit roten Haaren.

»Guten Tag, Frau Meyer-Ohligschläger«, sagt Frau Krause. »Ich muss hier nur eben die Spitzen schneiden, dann bin ich sofort bei Ihnen.« Und schnipp, schnapp, fallen die ersten Spitzen von Leas Locken auch schon zu Boden.

»Was darf's denn heute sein?«, fragt Frau Krause mit Blick auf Frau Meyer-Ohligschläger.

»Ich fürchte, das volle Programm. Ich hab ja wieder so viele graue Haare bekommen. Vor allen Dingen an den Seiten. Da müssen wir unbedingt nachfärben.«

Lea versteht kein Wort und fragt Oma ganz leise: »Was ist ein volles Programm?«

»Färben, waschen, schneiden, föhnen«, flüstert Oma. »Das wird teuer.«

»Dann sind die roten Haare gar nicht echt?«, fragt Lea erstaunt.

Frau Meyer-Ohligschläger räuspert sich. Leas Frage scheint ihr nicht zu gefallen. »Früher war das meine Naturfarbe, und ich versuche nur, sie so lange wie möglich zu behalten. Aber das wirst du auch noch merken, wenn du älter wirst. In deinem Alter habe ich mir darüber auch keine Gedanken gemacht.«

Zum Glück greift Oma ein und sagt: »Ach, deshalb stehen Ihnen die roten Haare so gut.«

»Ja, finden Sie?«, fragt Frau Meyer-Ohligschläger, sieht sich von allen Seiten im Spiegel an und beruhigt sich langsam wieder.

»So, fertig«, sagt Frau Krause zu Lea. »Gefällt es dir?«

»Oh ja! Und das Beste: Es hat auch gar nicht lange gedauert!«

»Na, dann kann jetzt gefeiert werden! Viel Spaß heute Abend«, sagt Frau Krause, als Oma bezahlt, und öffnet dann die Salontür.

Oma und Lea bedanken sich für die guten Wünsche und machen sich auf den Nachhauseweg. Kaum sind sie unterwegs, fragt Lea: »Omi, bist du arm?«

»Wie kommst du denn auf die Idee?«, fragt Oma erstaunt zurück.

»Weil du dir nicht die Haare färben lässt. Das ist doch so teuer.«

Oma lächelt. »Nein, Lealinchen, ich finde meine Haare schön, so wie sie sind.«

»Ja, und warum lassen manche Leute ihre Haare färben, wenn graue dazwischen sind?«

»Weil graue Haare etwas mit Altern zu tun haben. Manche Menschen haben damit ein Problem. Sie wollen möglichst lange jung aussehen. Und dann lassen sie sich die grauen Haare einfach wegfärben. Kaum auszudenken, wenn Opa ein graues Haar bei sich entdecken würde! Er würde es bestimmt auch sofort wegfärben.«

»Aber warum hat er noch keine grauen Haare?«, fragt Lea. »Er ist doch noch älter als du.«

»Graue Haare sind auch ein bisschen Vererbungssache. Der eine bekommt sie früher, der andere später. Manche Menschen sind schon mit dreißig grau, andere haben mit achtzig noch kein einziges graues Haar. Aber das sind eher Ausnahmen. Die meisten Menschen liegen irgendwo dazwischen.«

»Und wieso bekommt man überhaupt graue Haare?«, fragt Lea.

»So genau weiß ich das auch nicht. Vielleicht sind irgendwann die Farbpigmente im Körper einfach aufgebraucht. Am besten fragen wir Onkel Christian. Wozu hat man schließlich einen Arzt in der Familie? Wenn wir Glück haben, ist er schon zu Hause, wenn wir zurückkommen.«

Lea mag Onkel Christian. Er ist Mamas jüngerer Bruder und der coolste und lustigste Onkel, den sie sich vorstellen kann.

Plötzlich hat Lea es sehr eilig, nach Hause zu kommen. So eilig, dass Oma Mühe hat, Schritt zu halten. Und tatsächlich steht Onkel Christians Auto schon vor Omas Haus.

»Schnell, Omi!«, ruft Lea aufgeregt. »Er ist schon da!«

Da geht bereits die Haustür auf, und Onkel Christian steht im Türrahmen. »Hallo, Lea, na, alles klar?«, fragt er.

»Ja«, antwortet Lea. »Ich war zum allerersten Mal beim Friseur.«

»Das sehe ich. Eine hübscher als die andere!«, antwortet Onkel Christian und gibt beiden zur Begrüßung einen Kuss auf die Wange.

»Und, wie war's?«, will er wissen, als alle drei zusammen ins Haus gehen.

»Aufregend. Es gibt Stühle, die man mit dem Fuß nach oben pumpen kann. Und Leute, die sich ihre Haare färben lassen, nur weil ein paar graue dazwischen sind.«

Onkel Christian lacht und sagt: »Na, so was!«

»Wieso werden Haare denn grau?«, fragt Lea.

»Vielleicht, weil irgendwann die Farbpigmente aufgebraucht sind?«, fragt Oma.

»Ja, bisher dachte man tatsächlich, dass man mit zunehmendem Alter nicht mehr genügend Tyrosin bildet. Tyrosin ist wichtig, um den Farbstoff Melanin bilden zu können. Und Melanin ist wiederum wichtig, um die Haarfarbe zu bestimmen.«

Da fällt Lea noch eine ganz wichtige Frage ein. »Warum gibt es eigentlich so viele verschiedene Haarfarben?«, fragt sie.

»Weil es zwei Arten von Melanin gibt. Das rotblonde Phäomelanin und das braun-schwarze Eumelamin. Je nach Menge und Mischung der beiden Melanine ergeben sich ganz unterschiedliche Haarfarben. Steht nun aber im Körper nicht mehr genügend Melanin zur Verfügung, bekommen die neu nachwachsenden Härchen keine Farbe mehr ab. Stattdessen werden Luftbläschen eingelagert, und das Haar erscheint für unsere Augen grau.«

»Siehst du, Lea«, sagt Oma stolz.

»Moment! Aber nur bisher«, sagt Onkel Christian und erklärt weiter: »Jetzt gibt es eine neue Untersuchung vom Institut für Biophysik, die herausgefunden hat, dass Wasserstoffperoxid, das wir auch als Bleichmittel kennen, für graues oder weißes Haar verantwortlich ist. Wasserstoffperoxid entsteht beim Stoffwechsel überall im menschlichen Körper. Natürlich in kleinen Mengen. Auch im Haar. Mit dem Alter nimmt die Menge zu, weil der Körper mit dem Abbau von Wasserstoffperoxid in die Bestandteile Wasser und Sauerstoff nicht mehr nachkommt. Dadurch kommt es zu einem komplexen chemischen Prozess, der die Bildung des Tyrosins so stark beeinträchtigt, dass der Farbstoff Melanin nicht mehr gebildet werden kann.«

Lea staunt nicht schlecht, was ihr Onkel alles weiß! Aber Lea wäre nicht Lea, wenn sie nicht gleich die nächste Frage hätte. »Und warum werden die Haare zuerst an den Seiten grau?«, fragt sie.

»Das ist ganz einfach«, antwortet Onkel Christian. »Im Schnitt haben Haare eine Lebensdauer von zwei bis sechs Jahren. Danach fallen sie aus, und ein neues Haar wächst an der Stelle. So verlieren wir täglich ungefähr hundert Haare. Die Haare an den Schläfen, also an den Seiten, werden schneller ersetzt. Deshalb ergrauen die meisten Menschen zuerst an den Schläfen.«

»Das muss ich Opa erzählen!«, sagt Lea und geht ins Wohnzimmer. Opa sitzt in seinem Lieblingssessel und macht ein Nickerchen.

Schade, denkt Lea. Aber dann entdeckt sie Opas Leselupe und hat gleich eine neue Idee. Leise nimmt sie die Leselupe in die Hand und untersucht Opas Haare. Vielleicht findet sich ja doch ein graues Haar! Das braucht Opa ja nicht zu wissen. Zuerst nimmt Lea die Schläfen unter die Lupe. Oma hatte recht – kein einziges graues Haar! Dann wandert sie mit der Lupe zum Hinterkopf. Was ist das? Da hat Lea doch tatsächlich ein einzelnes graues Haar entdeckt! Das wollte sich bestimmt vor Opa verstecken. Na warte, denkt Lea, und zack, hat sie es auch schon ausgezogen.

»Au!«, ruft Opa erschrocken und reibt sich die Stelle am Hinterkopf. »Hast du mir etwa gerade ein Haar ausgezogen?«

»Hm«, macht Lea und versteckt schnell Lupe und Haar hinter ihrem Rücken. »Ich wollte nur mal sehen, wie fest so ein Haar am Kopf sitzt!«

Opa schüttelt den Kopf und brummelt leise vor sich hin: »Lea, Lea. Einmal beim Friseur und gleich wieder neue Flausen im Kopf.«

Und im nächsten Moment ist Opa auch schon wieder eingenickt.

Warum ist das Meer blau?

Kra-bum! Erschrocken zuckt Lara zusammen und guckt zum Fenster. Draußen hat es gewaltig gedonnert, und wie aus dem Nichts ist ein heftiger Wind aufgekommen. Mit Wucht fegt er riesengroße Regentropfen gegen das Fenster, die mit lautem Prasseln auf dem Glas zerplatzen. Dann zuckt plötzlich ein heller Blitz in verrückten Zickzacklinien über den wolkenbedeckten, fast schwarzen Himmel.

Dabei hat bis eben noch die Sonne geschienen. Aber Lara war so in ihr Bilderbuch vertieft, dass sie gar nicht mitbekommen hat, wie draußen ein Gewitter aufgezogen ist.

So ein Mist, denkt Lara. Eigentlich wollte sie gleich mit Mama und Papa eine Radtour zum Badesee machen.

Schnell schmeißt sie das Bilderbuch aufs Bett und stürmt aus dem Zimmer, um zu sehen, wo Mama und Papa stecken.

Das hat Lara sich schon gedacht: Ihre Mama sitzt mal wieder vorm Computer.

»Mama, es blitzt und donnert! Fahren wir jetzt nicht mehr zum Badesee?«, fragt Lara.

Mama sieht Lara mit großen Augen an.

»Ein Gewitter?«, fragt sie verwirrt. »Echt? Hab ich gar nicht mitgekriegt.« Schnell geht sie zum Fenster und guckt in den Himmel. »Ach, das zieht doch schon wieder ab«, beruhigt sie Lara.

Misstrauisch sieht Lara hinaus. Tatsächlich, Mama hat recht! Das Gewitter ist vorbei, und zwischen den Wolken lugt sogar bereits wieder die Sonne hervor. Lara findet es komisch, dass Mama nichts vom Gewitter gemerkt hat. Neugierig guckt sie auf den Computerschirm, um zu sehen, was Mama so abgelenkt hat.

Das Bild auf dem Computer erkennt Lara sofort. Mama hat es vor ein paar Wochen gemacht, als sie im Urlaub am Meer waren. Lara kann ihren Strandkorb sehen, den herrlichen Sand und im Hintergrund das Meer mit vielen Segelbooten. Aber irgendwie kommt Lara das Bild trotzdem komisch vor. Das Meer war nicht so leuchtend blau wie auf dem Bild. Da ist sie sich ganz sicher.

»Was hat das Meer denn für eine Farbe, Mama?«, fragt sie und zeigt auf den Schirm.

»Super, was?«, strahlt Mama stolz. »Ich hab dem Meer mit meinem neuen Bildbearbeitungsprogramm mal kurz die richtige Farbe verpasst.«

»Aber Mama, das ist nicht die richtige Farbe«, sagt Lara empört. »Das Blau war ganz anders. Das Bild ist glatt gelogen.«

»Hm, da hast du recht«, gibt Mama zu. »Ich dachte nur, wie schön es doch wäre, wenn unser Urlaubsmeer so ein richtig tiefes Blau hätte.«

Plötzlich muss Lara an die Regentropfen denken, die vorhin gegen ihre Scheibe geprasselt sind. »Warum ist das Meer eigentlich blau?«, fragt sie. »Wasser hat doch überhaupt gar keine Farbe.«

Verblüfft guckt Mama sie an. »Gute Frage«, sagt sie. »Das weiß ich gar nicht so genau. Das gucken wir gleich mal nach.«

Mama klickt eine Weile mit der Maus herum, bis sie eine bunte Seite mit viel Text gefunden hat. Aufmerksam beginnt sie zu lesen. Als sie nach mehreren »Aha!« dann schließlich »Interessant« sagt, hat Lara, die noch nicht lesen kann, genug.

»Was steht denn da nun?«, ruft sie und stupst Mama an.

»Hm, also«, sagt Mama und runzelt nachdenklich die Stirn. »Das Ganze hat mit dem Sonnenlicht zu tun.«

»Mit dem Sonnenlicht?«, fragt Lara. »Was kann denn das dafür, dass das Meer blau ist? Das Licht ist doch weiß.«

»Das kommt uns nur so vor«, antwortet Mama. »In Wirklichkeit besteht das weiße Licht aus Farben. Nämlich aus Rot, Orange, Gelb, Grün und Blau.«

»Echt?«, fragt Lara. Das kann sie sich nun überhaupt nicht vorstellen.

»Doch, wirklich«, versichert Mama. »Denk doch mal dran, was passieren kann, wenn es regnet und gleichzeitig die Sonne scheint. Dann entsteht … Na, rate mal, was!«

»Ein Regenbogen«, ruft Lara begeistert.

»Genau, super«, sagt Mama. »Aber Licht kann auch hier unten auf der Erde in seine Farben getrennt werden, zum Beispiel, wenn es auf Wasser trifft. Wenn das Sonnenlicht auf ein Meer, einen See oder einen Fluss trifft, passiert nämlich etwas Besonderes mit ihm: Je tiefer das weiße

Licht ins Wasser vordringt, desto mehr rote, orangefarbene, gelbe und grüne Lichtanteile werden von den Wasserteilchen aufgenommen und verschluckt. Man sagt dazu auch, sie werden absorbiert. Nur die blauen Farbanteile werden von den Wasserteilchen schlecht aufgenommen. Blau prallt sozusagen immer von ihnen ab und wird in alle Richtungen gestreut. Das Blau wird somit zurückgeworfen und gelangt wieder über die Wasseroberfläche in unser Auge. Deswegen sieht das eigentlich farblose Wasser für uns am Ende dann blau aus.«

»Aber doch nicht immer!«, wundert sich Lara. »Das Meer, wo wir waren, hat manchmal auch ein wenig grün und braun ausgesehen.«

»Das liegt an den verschiedenen Stoffen, die im Meerwasser herumschwimmen können«, erklärt Mama. »Gibt es viele Algen, wie an der

Ostsee, wo wir waren, sieht das Wasser grün-braun aus. Sand- und Tonteilchen können es sogar gelblich färben, wie zum Beispiel im Gelben Meer in China. Aber reines Wasser sieht für uns blau aus. Jedenfalls, wenn es richtig tief ist. So tief nämlich, dass die anderen Lichtfarben auf ihrem Weg durch das Wasser verschluckt werden.«

»Dann ist es ja gut, dass ich schwimmen kann«, sagt Lara und grinst Mama an.

»Schwimmen? Wieso?«, fragt Mama und versteht nur Bahnhof.

»Weil wir doch gleich zum Badesee wollen. Und der ist meistens richtig schön blau. Tiefblau«, fügt sie noch hinzu, als sie Mamas verdutztes Gesicht sieht, und kann sich vor Kichern nicht mehr halten.

Warum muss man weinen, wenn man traurig ist?

Lennart geht gern in die Schule, besonders seitdem er eine neue Lehrerin hat. Sie heißt Frau Dabashi, und sie kann ganz tolle Geschichten aus dem Märchenbuch »1001 Nacht« erzählen. Stundenlang könnte Lennart ihr zuhören, wenn sie von Palästen, Kalifen und Wesiren erzählt. Am spannendsten findet er die Geschichten von Aladin, Ali Baba und Sindbad. Leider bleibt meistens nur ein halbes Stündchen Zeit zum Geschichtenerzählen übrig.

Aber heute ist ein besonderer Tag. Das Schulhalbjahr ist zu Ende, und weil alle so toll gelernt haben, gibt's heute einen Geschichtentag! Und alle Kinder dürfen ihr Lieblingsbuch mit zur Schule bringen. Da braucht Lennart nicht lange zu überlegen.

»Na«, sagt Mama beim Frühstück. »Hast du dir schon ein Buch ausgesucht?«

Lennart nickt und legt ein Buch auf den Tisch, auf dem ein kleines Mädchen mit einem Hund, ein riesiger Löwe und im Hintergrund ein Blechmann und eine Vogelscheuche zu sehen sind. Das Mädchen heißt Dorothy und der Hund Toto.

»Ah, ›Der Zauberer von Oz‹«, sagt Mama. »Das hätte ich mir ja denken können!«

An diesem Morgen kann Lennart es kaum erwarten, in die Schule zu kommen. In Windeseile hat er sein Frühstück gegessen und die Pausenbrote in seiner Schultasche verstaut. Nun ist seine Schultasche pickepackevoll und kein Platz mehr für sein Lieblingsbuch. Und hineinquetschen will er es auch nicht. Lennart geht nämlich sehr sorgsam mit seinen Büchern um. Wegen der ganzen Figuren, die darin wohnen. Das Buch ist ihr Haus. Und wer möchte schon in einem verbeulten oder verkratzten Haus wohnen! Also beschließt Lennart, das Buch in die Hand zu nehmen.

Wenn es nur nicht so kalt wäre an diesem eisigen Januarmorgen! Mit seiner dicksten Winterjacke, Mütze, Handschuhen und Schal geht er los – das Buch fest vor den Bauch gedrückt. Als er auf dem Schulhof ankommt, klingelt es gerade. Und dann passiert etwas, was sehr selten vorkommt. Alle Kinder stürmen gleichzeitig auf die Eingangstür zu, um ins Warme zu kommen. Alles geht blitzschnell. Lennart wird angerempelt, und sein Lieblingsbuch fällt auf den Boden. Als er sich danach bücken will, tritt irgendjemand gegen das Buch, und es landet im Windfang vor der Eingangstür, zusammen mit benutzten Taschentüchern, weggeworfenen Bonbonpapierchen und sonstigem Müll. Erschrocken fängt die kleine Dorothy an zu weinen, und Toto, ihr Hund, bellt wie verrückt, um sie zu beschützen. Aber außer Lennart scheint das niemand zu hören. Wütend und traurig hebt er sein Buch auf und drückt es ganz fest an sich. Dabei kullern ihm dicke Tränen über die Wangen. Als er in seine Klasse kommt, das Buch immer noch fest umschlungen, ruft Nick: »Lennart ist 'ne Heulsuse!«

Frau Dabashi geht gleich auf Lennart zu und nimmt ihn in den Arm.

»Was ist passiert?«, fragt sie.

Da muss Lennart noch mehr weinen und schluchzt: »Mein Lieblingsbuch ist in den Dreck gefallen. Und alle sind einfach daran vorbeigelaufen.«

»Das ist nicht schön«, sagt Frau Dabashi, und Lennart hat das Gefühl, als ob sie genau wüsste, was er meint.

»Ich bewahre meine Lieblingsgeschichten in meinem Herzen auf«, sagt sie und lächelt. »Dort kann ihnen niemand etwas tun. Vielleicht probierst du das auch einmal aus.«

Dieser Gedanke tröstet Lennart, und es geht ihm gleich viel besser.

»Und welches ist dein Lieblingsbuch?«, fragt Frau Dabashi.

»›Der Zauberer von Oz‹«, antwortet Lennart und wischt sich die Nase mit dem Ärmel ab.

»Wohl eher ›Der Zauberer von Rotz!‹«, ruft Nick in die Klasse und lacht.

»Hast du noch nie geweint?«, fragt Frau Dabashi und sieht Nick an.

Aber er antwortet nur: »Jungen weinen nicht! Das tun nur Heulsusen!«

»Das stimmt nicht, Nick. Menschen, die weinen, zeigen ihre Gefühle«, sagt Frau Dabashi. »Das ist nämlich der eigentliche Sinn von Weinen. Wenn wir traurig sind, zeigen wir anderen damit: Hier stimmt etwas nicht, meine Gefühle sind verletzt, kümmere dich um mich. Und dann passiert etwas Großartiges: Wir empfinden Mitgefühl für denjenigen, der weint. Und das ist eine sehr menschliche Eigenschaft. Übrigens weinen Mädchen und Jungen bis zur Pubertät etwa gleich viel. Da das Weinen in vielen Kulturen als unmännlich gilt, trainieren sich viele Männer das Weinen im Laufe der Zeit einfach ab. Das ist aber alles andere als gesund. Manche Ärzte sagen, dass Menschen, die nicht weinen, schneller krank werden.«

»Alles Quatsch!«, sagt Nick. »Mein Vater weint nicht, und er ist trotzdem nie krank.«

»Das mag ja sein. Aber vielleicht würde er sich manchmal besser fühlen, denn mit den Tränen scheiden wir auch Schadstoffe aus, die sich durch Stress und seelische Belastungen im Körper ansammeln. Tränen sind also so eine Art Müllabfuhr des Körpers. Außerdem ist in der Tränenflüssigkeit ein körpereigenes Beruhigungsmittel enthalten, das über die Haut und die Augen aufgenommen wird. Das ist der Grund, weshalb man sich nach dem Weinen befreit und ausgeglichen fühlt.«

»Weinen tun nur Schwächlinge«, sagt Nick. »Starke Männer weinen nicht.«

»Da irrst du dich aber gewaltig! Habe ich euch etwa noch nie die Geschichte von der Prinzessin erzählt, die mitten in der Wüste baden wollte? Da griff Ali Baba zu einer List und hat seinen vierzig Räubern eine so traurige Geschichte erzählt, dass diese starken Kerle am Ende eine ganze Badewanne vollgeweint haben, sodass die Prinzessin baden konnte.«

»Nein, noch nie!«, ruft die Klasse im Chor.

»Dann wird es aber Zeit«, sagt Frau Dabashi. »Wie gut, dass wir heute einen Geschichtentag haben. Und danach lese ich euch den ›Zauberer von Oz‹ vor. Das ist nämlich ein wundervolles Märchen über Freundschaft, Hilfsbereitschaft und Mitgefühl.«

Und am Ende des Geschichtentages kennt die ganze Klasse die kleine Dorothy, ihren Hund Toto und noch viele andere Figuren aus dem Märchen. Und plötzlich können alle Lennarts Tränen gut nachempfinden.

Geschichtennachweis

Die folgenden Geschichten wurden von Petra Maria Schmitt verfasst:

Kann man im Handstand essen und trinken?

Warum bekommen Pinguine keine kalten Füße?

Warum fallen Vögel beim Schlafen nicht vom Baum?

Warum knurrt manchmal unser Magen?

Warum heben Hunde beim Pipimachen das Bein?

Warum haben Giraffen so einen langen Hals?

Wie kommen die Streifen in die Zahnpasta?

Ist das Faultier wirklich faul?

Warum spucken Vulkane Feuer?

Warum haben Omas und Opas weiße Haare?

Warum muss man weinen, wenn man traurig ist?

Die folgenden Geschichten wurden von Christian Dreller verfasst:

Warum brauchen Haie keinen Zahnarzt?

Können sich Pflanzen unterhalten?

Warum haben Indianer keinen Bart?

Wieso sehen Fledermäuse mit den Ohren?

Warum gibt es so viele Sprachen?

Brauchen Eskimos Kühlschränke?

Warum können Schiffe schwimmen?

Warum bekommen wir einen Schluckauf?

Wie entstehen Blitz und Donner?

Warum haben Kamele einen Höcker?

Warum ist das Meer blau?